CONSIDERAÇÕES SOBRE A FRANÇA

JOSEPH DE MAISTRE

CONSIDERAÇÕES SOBRE A FRANÇA

TRADUÇÃO E INTRODUÇÃO
Rita Sacadura Fonseca

COORDENAÇÃO
António de Araújo

CONSIDERAÇÕES SOBRE A FRANÇA

AUTOR
JOSEPH DE MAISTRE

© MAISTRE, Joseph de – Considérations sur la France. Ed. Crítica
de Jean-Luis Darcel. Genève: Éditions Slatkine, 1980

TRADUÇÃO E INTRODUÇÃO
RITA SACADURA FONSECA

COORDENAÇÃO
ANTÓNIO DE ARAÚJO

EDITOR
EDIÇÕES ALMEDINA. SA
Rua da Estrela, n.º 6
3000-161 Coimbra
Tel.: 239 851 904
Fax: 239 851 901
www.almedina.net
editora@almedina.net

PRÉ-IMPRESSÃO • IMPRESSÃO • ACABAMENTO
G.C. – GRÁFICA DE COIMBRA, LDA.
Palheira – Assafarge
3001-453 Coimbra
producao@graficadecoimbra.pt

Abril, 2010

DEPÓSITO LEGAL
300893/09

Os dados e opiniões inseridos na presente publicação
são da exclusiva responsabilidade do(s) seu(s) autor(es).

Toda a reprodução desta obra, por fotocópia ou outro qualquer
processo, sem prévia autorização escrita do Editor, é ilícita
e passível de procedimento judicial contra o infractor.

Biblioteca Nacional de Portugal – Catalogação na Publicação

MAISTRE, Joseph de, 1753-1821

Considerações sobre a França
ISBN 978-972-40-4015-8

CDU 321
316
323
94(44)"1789/1799"

ÍNDICE

Introdução 7

A obra na vida do autor 11

O ideário presente nas *Considerações sobre a França* 27

   1. Significado Político da Revolução Francesa 29
     a. Crítica às Luzes 29
     b. Representação e Soberania 38
     c. O movimento contra-revolucionário:
       o valor da ordem 41
   2. Visão Sobrenatural da Revolução 48
     a. A dimensão milagrosa 48
     b. Visão providencialista da História 53
     c. Sociedade e Indivíduo 59
     d. A lei da violência e economia do
       sacrifício 60

Actualidade das *Considerações sobre a França* 65

Bibliografia 77

Notas à Tradução 83

"Considerações sobre a França" 85

Prefácio dos Editores 86

6 | CONSIDERAÇÕES SOBRE A FRANÇA

Capítulo I – Das revoluções 89

Capítulo II – Conjecturas sobre as vias da Providência na Revolução francesa. 99

Capítulo III – Da destruição violenta da espécie humana 125

Capítulo IV – A República francesa pode durar? 141

Capítulo V – Da República francesa considerada no seu carácter anti-religioso. Digressão sobre o cristianismo 157

Capítulo VI – Da influência divina nas constituições políticas. 171

Capítulo VII – Sinais de nulidade no Governo francês. 183

Capítulo VIII – Da antiga Constituição francesa. Digressão sobre o Rei e a sua declaração aos franceses, do mês de Julho de 1795 199

Capítulo IX – Como se fará a contra-Revolução, se ela acontecer? 227

Capítulo X – Dos pretensos perigos de uma contra-revolução 237
I. Considerações gerais 237
II. Dos Bens Nacionais 255
III. Das Vinganças 258

Capítulo XI – Fragmento de uma História da Revolução francesa, por David Hume 279

Post Scriptum 307

INTRODUÇÃO*

Joseph de Maistre é um dos mais importantes escritores da reacção à Revolução Francesa. Nascido em Chambery, na Sabóia, em 1753, possuiu uma educação cuidada, com estudos em Direito na Universidade de Turim, tendo exercido os mais altos cargos na magistratura do Reino da Sardenha, que incluía o condado da Sabóia. Na sua formação, não esteve ausente o contacto estreito com os filósofos e autores liberais e iluministas, que leu atentamente.

A Revolução Francesa, experiência de uma nova ordem, foi o ponto central da sua vida, que marcou todo o seu pensamento. Confrontado com o seu carácter totalitário, que o atingiu também pessoalmente após a invasão e anexação da Sabóia pela França, chocado pela violência contra a família real, contra o clero, contra as leis de propriedade e as leis

---

* O presente trabalho resulta de uma dissertação de mestrado em ciência política e relações internacionais, na área de Teoria Política, defendida no Instituto de Estudos Políticos, Universidade Católica Portuguesa, em Fevereiro de 2009.

8 | CONSIDERAÇÕES SOBRE A FRANÇA

fundamentais da Monarquia francesa, Maistre[1] desenvolve um conjunto de reflexões, que assumem um papel essencial na Reacção contra-revolucionária. A Revolução constituiu também uma importante oportunidade de desenvolvimento pessoal para Maistre. De uma sociedade pequena, de um cargo de magistrado num Reino de escassa relevância internacional, foi projectado para as altas esferas da política europeia, relacionando-se com personalidades como Luís XVIII de França e Alexandre II da Rússia, que de outra forma nunca poderia conhecer, podendo assim aspirar a participar na definição da orientação política europeia, através das suas obras, correspondências e acção individual.

É este um traço curioso que Maistre partilha com os revolucionários franceses: também para estes, a Revolução foi uma oportunidade inesperada de se elevarem acima da mediania a que os seus percursos e o seu nascimento os pareciam destinar[2].

[1] É muito frequente a referência a este autor como "de Maistre". Mas o próprio Joseph de Maistre, em carta a um amigo, explica que nestes casos, de acordo com a gramática francesa, não é correcto a utilização de "de Maistre", devendo usar-se apenas "Maistre". Cf. TRIOMPHE, Robert – *Joseph de Maistre. Étude sur la vie et sur la doctrine d'un matérialiste mystique*. Genebra: Librairie Droz, 1968, pág. 9.

[2] "Introduction" in MAISTRE, Joseph de – *Écrits sur la Révolution*. Int. e selecção de textos de Jean-Louis Darcel. Paris: Quadrige / Presses Universitaires de France, 1989, pág. 16.

INTRODUÇÃO | 9

Maistre surge no pensamento político e filosófico como figura simbólica da recusa radical da Revolução Francesa[3]. Contudo, tudo parece indicar que muitos dos seus apoiantes e opositores pouco leram dele, conhecendo apenas as suas citações mais famosas, o que resulta em alguma vacuidade na forma como o seu nome é invocado no debate político contemporâneo. Actualmente, com a crise do imaginário revolucionário ocasionada pela falência das várias utopias, sobretudo a comunista, Maistre adquire uma nova importância como símbolo da recusa do Iluminismo e de toda a Modernidade, como representante do cepticismo face ao progresso, do pessimismo quanto ao homem, e da crença nas limitações da razão humana.

A sua obra *Considerações sobre a França* surgiu em 1797, sendo duplamente uma obra de circunstância política: por um lado, uma resposta a um panfleto de Benjamin Constant (1796) – "De la force du government actuel de la France et de la necessité de s'y rallyer"; e, por outro lado, um manifesto destinado a preparar o retorno do Rei, num momento

---

[3] PRANCHÈRE, Jean-Yves – La philosophie de Joseph de Maistre. In AAVV – *Révue des Études Maistriennes 13 – Joseph de Maistre: Actes du colloque de Chambéry.* Paris: Honoré Champion, 2001, pág. 50.

10 | CONSIDERAÇÕES SOBRE A FRANÇA

político em que a realização próxima de eleições e a actividade de grupos realistas em França pareciam tornar possível a restauração monárquica.

As *Considerações* ultrapassam porém uma sua leitura historicamente situada, na medida em que são também um ensaio político, inserido na tradição francesa dos ensaios políticos, e uma meditação sobre a humanidade e a história. E, no contexto da obra do autor, é também uma obra seminal, na qual os aspectos essenciais do pensamento de Maistre são expostos pela primeira vez.

A OBRA NA VIDA DO AUTOR

Numa carta de 10 de Fevereiro de 1798, dirigida ao conde d'Avaray, valido de Luís XVIII, Maistre apresenta-se:

> Sou originário de Nice, e, anteriormente, da Provença. Sou filho de um homem célebre no seu país, presidente do Senado da Sabóia, e nobilitado pelo falecido Rei após sessenta anos de serviços continuados sob três reinados. A minha família é recebida na corte.[4].

Nasceu a 1 Abril de 1753, em Chambery, capital do Ducado da Sabóia, no seio de uma família origi-

---

[4] "Je suis originaire de Nice, et plus anciennement de Provence. Je suis fils d'un homme célèbre de son pays, président du Sénat de Savoie, et titré par le feu roi après soixante ans de services continues sous trois règnes. Ma famille est admise à la cour." DAUDET, Ernest – *Joseph de Maistre et Blacas*, Paris, Librairie Plon, 1908, p. 44.

12 | CONSIDERAÇÕES SOBRE A FRANÇA

nária do Languedoc. Na altura, o Ducado de Sabóia estava integrado com o Ducado da Sardenha e o Reino do Piemonte, sob a mesma família real. Existia porém uma rivalidade acesa entre a francófona Sabóia e a unidade italiana do Piemonte e Sardenha, com uma preponderância definida para estas últimas regiões: a corte da casa de Sabóia era muito italianizada, tanto na língua como na cultura.

Joseph de Maistre, apesar de nacional da Sabóia, prezava muito a origem francesa da sua família. A sua admiração pela cultura e civilização francesa, sobretudo no que respeitava a língua, era quase um culto, patente na forma como refere a vocação especial da nação francesa na Europa: defende que a França desempenha no mundo uma verdadeira magistratura, através da excelência da língua francesa, uma língua superior associada a uma civilização expoente da cultura; e através do seu espírito de proselitismo – que se expressa nos assuntos mais frívolos, como a moda, mas também na influência que até os menos merecedores filósofos franceses adquirem no exterior. Pela sua patente admiração pela França, Maistre era aliás conhecido na corte em Turim como *il francese*, de forma depreciativa.

A personalidade de Maistre era dual e, nalguns aspectos, contraditória: se, por um lado, se submetia às formalidades e usos e respeitava as tradições que precedem o indivíduo, por outro lado, possuía uma liberdade de espírito que lhe permitia a audácia de pertencer à maçonaria e estudar o pensamento iluminista. Bibliófilo, era muito livre na escolha das leituras e tinha a preocupação de estudar as correntes filosóficas e literárias da sua época.

Várias correntes de pensamento e experiências pessoais, muito diversas entre si, marcam o pensamento e obra deste autor. Como principais influências, são de referir o catolicismo, a carreira da magistratura, a pertença à maçonaria e o misticismo.

Nascido em berço cristão, a sua educação foi fortemente marcada pelo catolicismo, que professou e defendeu acerrimamente até ao final da sua vida.

Foi educado no Colégio Real de Chambery, anteriormente um colégio jesuíta, que mantinha uma relação e uma influência muito marcada da Companhia de Jesus – nesta altura, porém, a ordem já havia sido expulsa da Sabóia. A proximidade de Maistre com esta ordem religiosa veio a manifestar-se mais tarde, na Rússia, quando defendeu e protegeu a Companhia de Jesus, após o Czar Alexandre II ter declarado a sua expulsão deste país.

Desde os 15 anos que pertencia à congregação dos "Penitentes Negros", uma irmandade que, entre outros deveres, assistia espiritualmente aos prisioneiros durante execuções e torturas. Foi fortemente marcado pelo papel do carrasco e pela importância do castigo, temas que viria a desenvolver na sua obra.

14 | CONSIDERAÇÕES SOBRE A FRANÇA

A sua infância é caracterizada pela extrema obediência e labor. Maistre é socializado no meio da magistratura hereditária, a que pertencem o seu Pai e Avô materno. Era um meio fechado, regulamentado, muito exigente em termos de probidade, muito controlado nas ideias. Esta magistratura era uma espécie de patriciado, uma casta social de magistrados que preparavam os seus filhos desde a infância para o desempenho das funções de magistrado. Cultivavam neles o conhecimento profundo de um corpo legal de que se consideravam depositários e protectores e estimulavam a distância em relação ao povo, como forma de manter o respeito pelas funções que exerciam[5].

Entre 1769 e 1772 Joseph de Maistre fez os seus estudos em Direito na Universidade de Turim, que concluiu muito jovem e com grande distinção. Em 1774 ingressou na Magistratura e em 1780 é nomeado Advogado Fiscal Geral.

É nomeado Senador oito anos mais tarde. À época, o Senado já não desempenhava funções executivas tão relevantes como havia desempenhado nos séculos XVI e XVII, mas mantinha-se como

---

[5] FAGUET, Émile – Joseph de Maistre. In FAGUET, Émile – *Politiques et moralistes du dix-neuvième siècle*. 1.ª série. Paris: Lecène, Oudin et Cto Éditeurs, 1891, págs. 5 e 6.

A OBRA NA VIDA DO AUTOR | 15

Supremo Tribunal de Justiça, com direito de veto e
direito de recusar éditos reais. Existiam apenas vinte
senadores, escolhidos pessoalmente pelo Rei pelas
suas qualidades morais e talento legislativo. Pela
exclusividade desse cargo, cimeiro na carreira da
magistratura, os senadores eram considerados, e
viam-se a si próprios, como instrumentos do poder
divino, depositários do real poder de julgar.

É também nesse ano que a sua família é nobilitada,
pelos méritos do Pai, magistrado célebre e presidente
do Senado da Sabóia desde 1764.

Como todos os intelectuais da época, Joseph de
Maistre tem um conhecimento próximo dos autores
iluministas. Em jovem, foi partidário de uma monarquia moderada, reformista, em que a realidade dos
poderes era passada aos corpos intermédios. Conhe-
cedor e admirador do pensamento político inglês,
defendeu o modelo do constitucionalismo britânico.
Mais tarde, porém, Maistre afastar-se-á do modelo
inglês, trocando definitivamente as teses reforma-
doras a favor de um conservadorismo teocrata.

Maistre foi também membro da Maçonaria, tendo
conhecido e estado ligado a várias correntes diferentes. Inicialmente, entre 1773 e 1774, junta-se a
uma "loja branca" chamada "Saint Jean des Trois
Mortiers", afiliada ao Grande Oriente de Inglaterra.
Porém, segundo o seu biógrafo François Descostes,
a loja era apenas "uma reunião de neófitos, de *almas*

16 | CONSIDERAÇÕES SOBRE A FRANÇA

sensíveis seduzidas pelo *apelo* do mistério... conversava-se sobre justiça, igualdade, guerra aos abusos, amor ao próximo, protecção da virtude..."[6]

Em 1778, considerando este ramo da Maçonaria demasiadamente fútil e apegado às realidades terrenas, deixa-o acompanhado de alguns irmãos da loja e junta-se a uma loja de rito escocês rectificado (Estrita Observância Templária), mais espiritualista e místico. Foi esta a origem da loja "La Sincerité", em Chambery, que acabou após o início da Revolução, a pedido do Rei da Sabóia, Vítor Amadeu III.

Nos seus escritos, o autor defende as lojas de que fez parte da acusação de participarem na Revolução, explicando que o serviço da Maçonaria à Revolução se deveu mais à sua rede de associações e clubes, do que aos seus fundamentos ideológicos. Maistre foi também defensor da raiz cristã da Maçonaria, da qual a Maçonaria se tinha começado a afastar nessa

---

[6] "Les loges blanches n'étaient que des réunions de néophytes, d'*âmes sensibles* séduites par l'*attirance* du mystère et des "simagrées allégoriques": mannequins ignorant par quelle ficelle ils pouvaient se rattacher au but inconnu de la secte. Dans ces *convens* innocents, on s'entretenait de justice, d'égalité, de guerre aux abus, d'amour du prochain, de protection de la vertu...". DESCOSTES, François – *Joseph de Maistre avant la Révolution. Souvenirs d'une societé d'autrefois 1753-1793*. Reimpressão da edição de 1893. Vol. I. Genebra: Slatkine Reprints, 1978, pág. 216.

A OBRA NA VIDA DO AUTOR | 17

altura, tendo em nome da sua loja escrito ao Grão-
-Mestre, o Duque de Brunswick, defendendo o papel
religioso da Maçonaria, enquanto via de aprofun-
damento espiritual e prática da caridade.

Atraído pelos escritos teológicos de Orígenes, que
defendia a ideia de um Cristianismo cujo conhecimento superior estava reservado a uma elite de ini-
ciados, Maistre esteve próximo de um grupo que
promovia rituais místicos e ocultistas. É também de
Orígenes que retoma algumas das ideias que levarão
à formulação da teoria da reversão dos méritos dos
inocentes a favor dos culpados. Conhece o *Iluminisme*,
doutrina mística fundada na crença de uma ilumi-
nação interior, inspirada directamente por Deus, que
permitiria o conhecimento das realidades sobrenaturais, de uma forma que as Igrejas tradicionais,
abandonadas pelo Espírito, já não poderiam pro-
porcionar. Maistre afirma frequentemente a sua
admiração pelo teósofo Louis-Claude de Saint-
-Martin, com quem partilha ideias como a afirmação
da teocracia universal, a teoria da queda e da rea-
bilitação da criação, ou o carácter providencial da
Revolução, querida por Deus para a reconciliação
com a humanidade degenerada.

Ainda antes da invasão da Sabóia, Maistre aper-
cebe-se dos riscos que a Revolução acarretava. Foi
marcante para a construção da sua compreensão da
Revolução a noite de 4 de Agosto de 1789, quando

18 | CONSIDERAÇÕES SOBRE A FRANÇA

se deu a abolição dos direitos feudais, que resulta no fim da servidão, a abolição da dízima, o início da expropriação dos bens da Igreja, o fim dos privilégios senhoriais e dos direitos especiais de vilas e cidades. Temendo a propaganda e ciente dos riscos de invasão da Sabóia, torna-se inimigo declarado da Revolução, tentando convencer os seus amigos e governo, através dos seus discursos no Senado, da necessidade de iniciar um processo de reformas que desarmem a força da propaganda revolucionária nesse Reino.

Como esperava, o ímpeto revolucionário não se limitou à França e em 22 de Setembro de 1792 a Sabóia é invadida pelo general Barão de Montesquiou. As tropas sardenhas, estacionadas na Sabóia e encarregues da sua defesa, não oferecem resistência. Joseph de Maistre foge para Turim, de onde regressa em 1793, por recomendação real, porque o Rei Vítor-Amadeu III condenava o exílio. Chegado a Chambery, após uma breve estadia, vê-se sob ameaça de prisão e foge para Genebra, fixando-se depois em Lausanne, em Abril de 1793.

Alvo de desconfiança da corte do Rei Vítor Amadeu III, por ser saboiano, é através da influência dos seus amigos, o barão Vignet des Étoles e barão de Erlach, que Joseph de Maistre é nomeado correspondente do governo do Piemonte/Sabóia em Agosto do mesmo ano. Exerce a função de agente

A OBRA NA VIDA DO AUTOR | 19

consular, estabelecendo a ligação entre o governo de Turim e o embaixador da Sardenha em Berna, Vignet des Étoles; desempenha ainda funções humanitárias de apoio aos seus compatriotas refugiados, sobretudo depois de 1794, devido às perseguições religiosas e políticas da Convenção. Maistre reside em Lausana até Fevereiro de 1797. Frequenta o meio dos emigrados franceses, realistas e ultramontanos, onde existe uma forte presença de membros do clero refractário e antigalicano, cuja influência o marca de forma indelével. A convite de Jacques Mallet du Pan, começa a escrever propaganda realista anti-revolucionária e dedica os seus tempos livres ao estudo e refutação da ideologia revolucionária.

É em Lausana que Joseph de Maistre escreve as quatro *Lettres d'un royaliste Savoisien*, editadas e divulgadas; e redige ainda uma quinta, que não chegou a ser publicada. É também durante esta estadia que escreve *Étude sur la souveraineté*, que só será editado anos mais tarde, e as *Considerações sobre a França*, publicadas algumas semanas antes da sua partida.

À data da preparação das *Considerações*, o momento político francês era propício aos realistas. As eleições do Germinal ano V[7], em que se esperava uma forte

---

[7] De acordo com o calendário instituído pela Revolução francesa, o Germinal correspondia aos dias entre 21 ou 22 de Março e 21 ou 22 de Abril; o ano V corresponde a 1797.

participação de eleitores e deputados realistas, abriam a possibilidade de um retorno à Monarquia por via legal. Os revolucionários estavam divididos e a facção moderada tinha assumido o poder. Sob a Constituição do Ano III, o governo está entregue a um Directório composto por 5 directores, coadjuvado pelo Conselho dos Quinhentos e pelo Conselho dos Anciãos, dotados do poder legislativo. O governo moderado vê com maior terror a ameaça jacobina, erigida a principal adversária, o que permite uma maior liberdade de acção por parte dos realistas.

Neste momento político dá-se um recrudescimento do empenho dos realistas, que julgam ver na divisão dos revolucionários um sinal de que a Revolução se desmantelará sozinha.

Anteriormente, entre 1793 e 1796, dão-se as insurreições monárquicas da Vendeia: levantamentos populares, organizados num exército realista chefiado por nobres e plebeus. As tácticas de guerrilha tornam a sua subjugação um difícil desafio para as forças revolucionárias.

É tentada uma incursão militar: o massacre das forças realistas apoiadas pelos ingleses em Quiberon, a 20 e 21 de Julho de 1795, levou à exclusão da estratégia militar para o restabelecimento da monarquia.

Adoptou-se, em paralelo e com maior sucesso, uma estratégia legal, tentando as forças realistas infiltrarem-se e obterem representação na Assembleia

A OBRA NA VIDA DO AUTOR | 21

Nacional, nas eleições do Germinal ano V (1797). Nestas eleições, os realistas obtêm efectivamente uma importante representação, com 330 dos 730 lugares nas duas Câmaras e conseguindo eleger um realista, Barthélemy, para o Directório. A reacção do Directório consistiu no 18 do Fructidor ano V[8], em que, com o apoio das forças armadas, foram anuladas as eleições de vários departamentos, depurados 177 deputados (realistas e moderados "suspeitos") e excluídos 2 dos 5 directores.

Face aos fracassos e insucessos das forças realistas nas várias frentes, militar e política, – como afirmou Maistre, "uma das leis da Revolução francesa é que os emigrados só podem atacar para a sua desgraça, e que estão totalmente excluídos de qualquer obra que se opere[9]" –, muitos monárquicos haviam já começado a defender a necessidade de apoiar a república para pôr termo à Revolução, defendendo-a como o regime que conseguia garantir a ordem social. Tornava-se pois necessário para os realistas mais fiéis refutar a tese do necessário apoio de todos

---

[8] A data corresponde a 4 de Setembro de 1797.

[9] "Or, une des lois de la Révolution françoise, c'est que les émigrés ne peuvent l'attaquer que pour leur malheur, et sont totalement exclus de l'oeuvre quelconque qui se opere." MAISTRE, Joseph de – *Considerações sobre a França*. Ed. crítica de Jean-Louis Darcel. Genebra: Éditions Slatkine, 1980, pág. 177.

os "amigos da ordem" ao regime republicano; um dos meios mais eficazes seria através de obras que apresentassem de forma vigorosa o dever absoluto de apoio de todos os realistas à restauração da Monarquia, juntando-os em torno do pretendente Conde da Provença, irmão de Luís XVI e futuro Luís XVIII, casado com a princesa Luísa da Sabóia.

Uma das principais motivações das *Considerações sobre a França* é a resposta ao opúsculo de Benjamin Constant, *De la force du gouvernement actuel de la France et de la necessite de s'y rallier*, de 1796. Constant, que é também um autor clássico do pensamento político, e autor da teorização em torno do poder moderador, fazia parte do círculo da Madame de Staël, grupo que se identificava com um republicanismo moderado. Já anteriormente, em 1795, Madame de Staël tinha escrito no mesmo sentido, recomendando aos monárquicos constitucionais que apoiassem os republicanos *amigos da ordem* porque a república seria, nesse momento, a única forma de garantir a liberdade.

No opúsculo, Constant critica vigorosamente os realistas, afirmando que a restauração da monarquia ocasionaria uma nova revolução, com todos os males e desordens associados, e que a questão do regime era subalterna à necessidade de preservação da ordem pública que o Directório tinha instaurado.

Alguns autores sugerem que as *Considerações* seriam uma das peças-chave de propaganda monárquica, o

A OBRA NA VIDA DO AUTOR | 23

que justificaria a refutação da tese do apoio ao republicanismo moderado e os auspícios favoráveis à monarquia, bem como a pressa de conclusão da obra e as suas imperfeições[10]. Se era porém esse o seu intuito, as *Considerações sobre a França* viram frustrado o seu papel como propaganda eleitoral, uma vez que a obra acabou de ser impressa após as eleições do Germinal ano V, pelo que não surtiu o efeito desejado.

As *Considerações sobre a França* são escritas em poucas semanas, reunindo muitas das anotações que Maistre fazia há anos. A obra é publicada em Neuchâtel, pelo editor Fauche-Borel, sob anonimato; porém, a divulgação conseguida e o interesse suscitado pela obra levou a que o seu autor fosse rapidamente desmascarado.

Maistre recebe uma carta de felicitações do Conde d'Avaray, que escreve em nome de Luís XVIII; carta que foi causa de um incidente político-militar. Com efeito, foi interceptada pelos exércitos franceses – curiosamente, por Napoleão Bonaparte, que leu a obra e se interessou pelo seu autor, tendo recebido Joseph de Maistre e, segundo este, tendo dado a

---

[10] "Introduction" in MAISTRE, Joseph de – *Considerações sobre a França*. Ed. crítica de Jean-Louis Darcel. Genebra: Éditions Slatkine, 1980, pág. 43.

24 | CONSIDERAÇÕES SOBRE A FRANÇA

entender que esqueceria o assunto[11]. Porém, sendo Maistre um agente diplomático, o seu envolvimento na propaganda realista pôs em cheque o Rei do Piemonte-Sardenha, Vítor-Amadeu III, que em Abril de 1796 tinha assinado um tratado de paz com a França revolucionária. A carta foi divulgada nos jornais revolucionários franceses, como evidência da realidade e perigos das conspirações realistas. Porém, esta carta, em que Maistre aventava também a possibilidade de se tornar francês e passar ao serviço do futuro Rei de França, reflectia também a fraca ligação e lealdade condicional ao seu Reino natal. No seguimento deste episódio Maistre vê frustrada a expectativa, que lhe havia sido assegurada, de ser nomeado Conselheiro de Estado.

As *Considerações* atraíram a atenção do público pela sua novidade: uma reflexão religiosa e mística sobre o acontecimento que introduzia uma nova época do mundo. Mas o seu verdadeiro sucesso foi posterior, durante a Restauração dos Bourbons, quando a profecia de Maistre do fim da Revolução e da restauração da Monarquia francesa se parecia concretizar.

Após a edição das *Considerações sobre a França*, Maistre continua a vida aventurosa a que a Revolução o

---

[11] DAUDET, Ernest – *Joseph de Maistre et Blacas*, Paris: Librairie Plon, 1908, págs. 27 e 32.

destinou. Depois de uma estadia como magistrado na ilha da Sardenha, é enviado para a Rússia como representante do Piemonte-Sardenha, com o objectivo de obter o apoio de Alexandre II para o empobrecido Rei Vítor-Amadeu III. Afastado da sua família, permanece entre 1803 e 1815 em Moscovo, onde desenvolve um importante trabalho intelectual, tanto na obra escrita como enquanto conselheiro oficioso do Czar. Regressa ainda por alguns anos à sua Sabóia natal, então francesa, tendo vindo a morrer em 1821.

O IDEÁRIO PRESENTE
NAS *CONSIDERAÇÕES SOBRE A FRANÇA*

À semelhança de muitos outros livros, de maior ou de menor relevância, que surgiram na mesma altura, as *Considerações sobre a França* são uma obra sobre a Revolução Francesa. As *Considerações* destacam-se, porém, pela novidade duma leitura da Revolução em dois níveis diferentes: uma interpretação, mais vulgar, do seu significado político, enquanto instauradora de uma república e abolição da secular monarquia francesa e do sistema político e social do Antigo Regime; e uma outra interpretação na forma mais original da proposta de um significado meta--político da Revolução, enquanto manifestação da Providência e forma de punição da humanidade caída. Se, no primeiro nível, as *Considerações* são uma resposta a Benjamin Constant e um apelo para a reinstauração da monarquia, inserido num plano geral de propaganda realista, num plano mais profundo constituem a apresentação de uma visão sobrenatural e religiosa da Revolução e uma primeira e

28 | CONSIDERAÇÕES SOBRE A FRANÇA

mais sistemática apresentação do pensamento político, religioso e místico de Maistre.

Era aliás intenção do autor abordar sobretudo a dimensão sobrenatural dos acontecimentos a que assistia, como se torna claro nas alterações sucessivas do título da obra. Maistre tencionava, inicialmente, chamar a esta obra "Reflexões religiosas e morais sobre a França"; tendo o seu amigo Vignet des Étoles levantado algumas objecções, optou por "Considerações religiosas sobre a França"; este porém não foi o título final e Maistre confidencia em carta a d'Avaray a razão: "intitulava-se Considerações religiosas sobre a França; mas o editor suprimiu o epíteto, com medo de escandalizar o séc. XVIII[12]".

É neste sentido que o autor inicia as *Considerações sobre a França* com uma citação de Cícero, de *De Legibus*, em que o autor latino funda a ordem universal no governo divino da natureza[13]. A citação

[12] "Il était intitulé *Considerações* religieuses sur la France; mais, l'éditeur supprima l'épithète, de peur de scandaliser le dix-huitième siècle." DAUDET, Ernest – *Joseph de Maistre et Blacas*, Paris, Librairie Plon, 1908 pág.s 21 e 22.

[13] "Dasne igitur nobis, Deorum immortalium nutu, ratione, potestate, mente, numine, sive quod est aliud verbum quo planius significem quod volo, naturam omnem divitus regi? Nam si hoc non probas, a Deo nobis causa ordienda est potissimum.Cic., De Leg., I, 18". MAISTRE, Joseph de – *Considerações sobre a França*. Ed.

O IDEÁRIO PRESENTE NAS *CONSIDERAÇÕES SOBRE A FRANÇA* | 29

ilustra a intenção do autor de desvendar a ordem divina da natureza e o governo da Providência divina sobre os assuntos humanos.

1. Significado Político da Revolução Francesa

a. Crítica às Luzes

Joseph de Maistre atribuía a origem da Revolução à filosofia iluminista que predominava nos círculos intelectuais europeus. Assim, as *Considerações sobre a França* apresentam uma forte crítica à filosofia iluminista, potenciada pelo conhecimento profundo que Maistre possuía dos filósofos do séc. XVII e XVIII. Esta não é uma questão isolada, mas antes um elemento central do pensamento do autor que vai ser repetido em toda a sua obra; Isaiah Berlin defende

crítica de Jean-Louis Darcel. Genebra: Éditions Slatkine, 1980, pág. 59.

"Concordas, portanto, connosco, que é por disposição dos deuses imortais (por razão, por poder, por inteligência, por assentimento, ou por outra qualquer outra designação que melhor exprima o que pretendo) que a natureza na sua globalidade é divinamente governada? De facto, se não estás de acordo, a nossa discussão deve começar precisamente por Deus."

30 | CONSIDERAÇÕES SOBRE A FRANÇA

que é o intuito principal de toda a obra do autor saboiano a destruição do pensamento do séc. XVIII[14].

Maistre via com clareza o papel desempenhado pelos filósofos iluministas no surgimento da Revolução e defendia que a Revolução resultava directamente do desvio epistemológico ocidental que existia desde o Renascimento: a Revolução francesa era filha das Luzes e da Reforma. Ao recusar o princípio da autoridade da Igreja Católica e do Rei em nome da emancipação do homem, a Revolução punha em causa a ordem tradicional, que Maistre considerava instituída por Deus.

Maistre rejeita em bloco o pensamento moderno: a proposta da filosofia do progresso, que via o devir histórico como um incessante aperfeiçoamento, a causalidade determinista e o racionalismo, que sujeitavam todos os fenómenos, naturais, sociais e individuais a leis racionais e que excluíam a religião na compreensão do mundo físico e humano. O autor saboiano rejeitava em particular a ideia da engenharia social, i.e., a crença de que toda a vida humana, tanto social como individual, pode ser entendida da

---

[14] "Introduction" in MAISTRE, Joseph de (Int. de Isaiah Berlin e tradução de Richard A. Lebrun), *Considerations on France*, Cambridge: Cambridge Texts in the History of Political Thought, 1995, pág. XIV.

O IDEÁRIO PRESENTE NAS *CONSIDERAÇÕES SOBRE A FRANÇA* | 31

mesma forma que o mundo natural, e que pretende que o homem pode manipular e transformar livremente a vida humana, tanto social como individual, da mesma forma que o mundo natural.

No que respeita às formas concretas de engenharia social promovidas pela Revolução, Maistre é muito crítico da utilização da lei escrita como forma de reconstrução das sociedades. Para Maistre, uma constituição não é apenas um texto legislativo organizador de uma sociedade, mas antes a própria *constituição natural* de uma nação, que engloba tanto a história como as características do seu povo e território. Contesta o poder de fazer uma Constituição de que os revolucionários franceses se arrogaram e que tão frequentemente usaram: a Constituição de um Estado surge naturalmente, quer fruto das circunstâncias, quer por obra de um autor único – autor que não é porém criador, na medida em que apenas reúne, em nome da Divindade, os elementos constitutivos preexistentes nos costumes e carácter dos povos.

A Constituição natural da França é a recolha das leis fundamentais do Reino, que estabelecem que a Monarquia é absoluta, limitada apenas por si própria. Maistre sustenta que é preferível que a Constituição não seja escrita: por um lado, porque a profundidade dos elementos que integram uma Constituição não são explanáveis num texto escrito e porque a existência destes elementos obscuros e quase ocultos contribui para o respeito do povo; e por outro lado, porque o soberano, coadjuvado por conselheiros, deve poder manter a liberdade de decisão, não se constrangendo por normas escritas, necessariamente rígidas.

As constituições escritas são aceitáveis, na medida em que consagrem elementos que existem anteriormente na Constituição do povo; mas há sempre em cada constituição algo que não pode ser escrito, algo vago e nebuloso, inacessível aos homens. Quanto mais se escreve, mais a Constituição é fraca – porque os direitos só são escritos quando estão sob ataque. A Constituição, pela sua origem, não é humana: tem uma origem divina, está envolta num mistério que nos ultrapassa. A constituição natural inspira um respeito especial, uma obediência diligente e uma adesão do coração, que os homens não dedicam às obras que saem das mãos humanas. Exemplifica a questão o grande número de constituições redigidas sob a Revolução: resultado do intelecto humano, todos os homens se sentem habilitados a alterá-las e a aperfeiçoá-las nos sentidos mais diversos, impedindo que exista um respeito efectivo por estas falsas constituições. As constituições da Revolução não inspiram a verdadeira obediência, motivada pelo respeito, mas apenas uma cedência mais ou menos reticente, mais ou menos temporária.

O IDEÁRIO PRESENTE NAS *CONSIDERAÇÕES SOBRE A FRANÇA* | 33

A Constituição, sendo natural, é essencialmente uma questão de sociologia política:

> O que é uma Constituição? Não é a solução do seguinte problema? Sendo dadas *a população, os costumes, a religião, a situação geográfica, as relações políticas, as riquezas, as boas e más qualidades de uma certa nação, encontrar as leis que mais lhe convêm.*[15]

Maistre constata que a respeitabilidade da constituição de um país, e sobretudo a durabilidade das suas instituições, dependem de um substrato religioso ou sobrenatural. A respeitabilidade está associada à conformidade com a ordem divina; é quando os homens participam na obra criadora de Deus que as instituições resultantes são duráveis e legítimas – donde resulta que se pode deduzir a conformidade com a vontade divina da durabilidade de uma instituição ou do conjunto de instituições que formam a constituição das nações. É neste sentido que a milenar monarquia francesa corresponde ao intuito divino.

---

[15] "Qu'est-ce une constitution? N'est-ce pas la solution du problème suivant? Etant donnés la population, les moeurs, la religion, la situation géographique, les relations politiques, les richesses, les bonnes et les mauvaises qualites d'une certaine nation, trouver les lois qui lui conviennent." MAISTRE, Joseph de – *Considerações sobre a França*. Ed. crítica de Jean-Louis Darcel. Genebra: Éditions Slatkine, 1980, pág. 124.

34 | CONSIDERAÇÕES SOBRE A FRANÇA

Todas as vezes que o homem se põe, seguindo as suas forças, em contacto com o Criador, e que produz uma instituição qualquer em nome da Divindade; qualquer que seja a sua fraqueza individual, a sua ignorância, a sua pobreza, a obscuridade do seu nascimento, numa frase, o seu desprovimento total de todos os meios humanos, ele participa de alguma maneira no Todo-Poderoso, de que se faz instrumento: ele produz obras cuja força e duração espantam a razão.[16]

Assim também, para a durabilidade de uma Constituição, a política e a religião se fundem, como é especialmente visível nos casos em que a Constituição resulta de um homem providencial, que é revestido de importantes poderes religiosos, associando poder político e espiritual.

Cada Constituição está pois intrinsecamente ligada a um povo em particular, e não à generalidade da

---

[16] "Toutes les fois qu'un homme se met, suivant ses forces, en rapport avec le Créateur, et qu'il produit une institution quelconque au nom de la Divinité; quelle que soit d'ailleurs sa foiblesse individuelle, son ignorance, sa pauvreté, l'obscurité de sa naissance, en un mot, son dénuement absolu de tous les moyens humains, il participe en quelque manière à la toute-puissance dont il s'est fait l'instrument: il produit dês oeuvres dont la force et la durée étonnent la raison." MAISTRE, Joseph de – *Considerações sobre a França*. Ed. crítica de Jean-Louis Darcel. Genebra: Éditions Slatkine, 1980, pág. 112.

O IDEÁRIO PRESENTE NAS *CONSIDERAÇÕES SOBRE A FRANÇA* | 35

espécie humana. É este o erro fundamental das constituições francesas, e da Constituição de 1795 em particular, que se destinam à natureza humana concebida no nada. A concepção abstracta da natureza humana, desligada das circunstâncias, torna-se vazia. Maistre rejeita o universalismo da concepção de homem proposta pela Revolução, apontando com pertinência que o homem existe nas suas circunstâncias, e não em abstracto:

> A Constituição de 1795, como as suas antecedentes, é feita para o homem. Ora, não existem homens no mundo. Já vi, na minha vida, Franceses, Italianos, Russos, etc; sei mesmo, graças a Montesquieu, *que se pode ser Persa*; mas, quanto ao homem, declaro nunca o ter encontrado na minha vida; se existe, não tenho conhecimento. (...) Mas uma constituição que é feita para todas as nações não é feita para nenhuma: é uma pura abstracção, uma obra de escolástica feita para exercitar o espírito segundo uma hipótese ideal, e que é preciso dirigir ao *homem*, nos espaços imaginários em que ele habita.[17]

[17] "La constitution de 1795, tout comme ses aînées, est faite pour l'*homme*. Or, il n'y a point d'*homme* dans le monde. J'ai vu, dans ma vie, des François, des Italiens, des Russes, etc.; je sais même, grâces à Montesquieu, *qu'on peut être Persan*: mais quant à l'homme, je déclaire ne l'avoir rencontré de ma vie: s'il existe,

36 | CONSIDERAÇÕES SOBRE A FRANÇA

Maistre é também autor de uma forte crítica a ideais revolucionários, tais como os direitos do homem e a liberdade.

O autor rejeita os direitos do homem declarados pela Revolução Francesa, defendendo antes o que considera os verdadeiros direitos, não do homem, conceito abstracto e vazio, mas dos franceses, de acordo com a sua antiga constituição. O autor das *Considerações sobre a França* defende que a liberdade e os direitos dos povos não podem resultar de uma constituição escrita, mas são antes fruto de uma concessão do soberano; e esta mesma concessão não é uma decisão livre do Rei, mas antes resultado do poder imperioso de um conjunto de circunstâncias. Assim, os direitos e liberdades dos povos fazem parte das suas constituições naturais e estão sujeitos ao jogo da história; não são estáticos, mas antes passíveis de uma evolução que é natural porque resultante dos condicionalismos históricos existentes.

c'est bien à mon insu. (...) Mais une constitution qui est faite pour toutes les nations n'est faite pour aucune: c'est une pure abstraction, une oeuvre scolastique faite pour exercer l'esprit d'après une hiphotèse idéale, et qu'il faut addresser à l'*homme*, dans les espaces imaginaries où il habite." MAISTRE, Joseph de – *Considerações sobre a França*. Ed. crítica de Jean-Louis Darcel. Genebra: Éditions Slatkine, 1980, pág. 123 e 124.

O IDEÁRIO PRESENTE NAS *CONSIDERAÇÕES SOBRE A FRANÇA* | 37

Existe no entanto uma certeza: todos os Reinos cristãos são mais ou menos livres, afirma Maistre. Mas a liberdade não existe como absoluto, como a reclama a Revolução: tem necessárias gradações que se adequam aos povos, de acordo com a sua capacidade de lidar com a liberdade. A liberdade real, efectiva, é sempre um dom dos reis com base em gérmens de liberdade existentes na constituição natural da nação. Só os direitos que preexistem, ou seja, que estão presentes de forma germinal na constituição natural de uma Nação, são estabelecidos com eficácia. Nenhuma nação pode dar a si própria a liberdade, se não a tiver; a influência humana está restrita ao desenvolvimento de direitos já existentes, mas que poderiam ser pouco conhecidos ou contestados. Os esforços da Revolução, instituindo através de uma Carta um conjunto de direitos que apenas existem de forma abstracta, estão pois votados ao fracasso. O autor afirma até que a quem não souber aproveitar os direitos que a sua constituição lhe atribui de pouco valerá a declaração de novos direitos.

Maistre introduz também, em relação à liberdade, uma visão simultaneamente individual e social. A defesa de liberdades individuais é egoísta: acima destas deve existir a liberdade nacional, que resulta da relação flexível de todas as energias individuais em função do bem comum. A liberdade individual

38 | CONSIDERAÇÕES SOBRE A FRANÇA

está necessariamente subordinada ao bem geral da comunidade, e a sua extensão depende da vontade do Rei e das circunstâncias históricas.

b. Representação e Soberania

Maistre analisa e desconstrói os grandes ideais revolucionários da soberania nacional e da representação, pondo a nu algumas das suas contradições. A soberania, que é a autoridade de uma sociedade, não reside na nação, mas num indivíduo, o Rei. Maistre defende a monarquia absoluta, rejeitando tanto a aristocracia como a democracia, que dispersam o poder por alguns ou por todos. Opõe-se a qualquer ideia de partilha ou equilíbrio de poderes: o poder é uno e o seu detentor é o Rei. A democracia, pulverizando o poder, funda-se no egoísmo; nela não existe uma verdadeira obediência ao poder, uma submissão efectiva.

Segundo o autor, o Estado é um organismo vivo, fundado numa unidade verdadeira e numa continuidade real; vive de uma força que o instituiu, num passado misterioso, e é organizado por um princípio interior que é também desconhecido. É obscuro, mas é por isso que está vivo; porque a vida assenta num princípio impossível de ser compreendido pela razão humana. Nesta concepção organi-

O IDEÁRIO PRESENTE NAS *CONSIDERAÇÕES SOBRE A FRANÇA* | 39

cista, o Estado é um corpo que deve obedecer a uma vontade para continuar uno e obedecer à tradição para continuar a ser o que é. A monarquia é o regime mais natural, que assegura a concentração do poder numa vontade – a vontade do Rei – e a obediência aos preceitos da constituição natural das sociedades.

Salienta-se pela sua aparente simplicidade a demonstração da contradição entre a soberania nacional e o princípio representativo. Segundo Maistre, a representação nacional é falsamente apresentada como uma novidade revolucionária; antes, é herdada dos mecanismos de representação corporativa e de ordens da Idade Média e não resulta de uma deliberação popular no sentido da sua criação e instituição. Maistre salienta a diferença entre o sistema representativo inglês, em que existe uma ligação directa entre o votante e o deputado, e o sistema instituído pela Revolução francesa. A falsidade da representação em França deriva de uma clara intenção política de desligar os representantes da Nação dos seus eleitores: além das eleições serem indirectas, segundo os preceitos constitucionais os deputados não representam o seu eleitorado, mas antes a *Nação*. O autor denuncia a instrumentalização da ideia de Nação e demonstra, recorrendo à proporção numérica, como o desempenho de um cargo público está, na prática, vedado à esmagadora maioria dos

40 | CONSIDERAÇÕES SOBRE A FRANÇA

representados, dada a escassez de cargos representativos e o elevado número de franceses.

Mas aquilo que existe de mais seguro, é que o sistema representativo exclui directamente o exercício da soberania, especialmente no sistema francês, em que os direitos do povo limitam-se a nomear aqueles que nomeiam; em que não só não se pode dar mandatos especiais aos representantes, mas onde a lei tem o cuidado de destruir toda a relação entre eles e as suas províncias respectivas, advertindo-os que não são enviados daqueles que os enviaram, mas da Nação; palavra importante e infinitamente cómoda, porque se faz dela aquilo que se quer.[18]

O autor das *Considerações sobre a França* dedica especial atenção a Jean-Jacques Rousseau – "talvez o

---

[18] "Mais ce qu'il y a de sûr, c'est que le système représentatif exclut directement l'exercise de la souveraineté, surtout dans le système françois, où les droits du pleuple se bornent à nommer ceux qui nomment; où non seulement il ne peut donner de mandats spéciaux à ses representans, mais où la loi prend soin de briser toute relation entre eux et leurs provinces respectives, en les avertissant qu'*ils ne sont point envoyés par ceux qui les ont envoyés, mais par la Nation*; grand mot infiniment commode, parce qu'on en fait ce qu'on veut." MAISTRE, Joseph de (ed. crítica de Jean-Louis Darcel) – *Considerações sobre a França*, 1980, Éditions Slatkine, Genebra, pág. 102.

O IDEÁRIO PRESENTE NAS *CONSIDERAÇÕES SOBRE A FRANÇA* | 41

homem que mais se enganou em todo o mundo"[19]. Defende que a ideia de um contrato social como momento originário e fundador da sociedade é falso. Para existir uma deliberação inicial, historicamente verdadeira, tal como Rousseau pretendia, teria já de pré-existir uma sociedade. Maistre radica a origem da sociedade num passado longínquo e misterioso, ligado a uma instituição divina.

Em França, Joseph de Maistre declara a impossibilidade da existência de uma República democrática: a sua vasta população implica que nem todos poderão participar no governo da Nação, que estará sempre sediado em Paris.

c. O movimento contra-revolucionário: o valor da ordem

O autor das *Considerações sobre a França* é considerado por alguns autores o fundador da tradição da Contra-Revolução. Apesar desta obra ser posterior às *Reflections on the Revolution in France* de Edmund Burke, há quem defenda que Maistre, mais que o autor

---

[19] "Rousseau, l'homme du monde peut-être qui s'est le plus trompé" MAISTRE, Joseph de – *Considerações sobre a França*. Ed. crítica de Jean-Louis Darcel. Genebra: Éditions Slatkine, 1980, pág. 110.

42 | CONSIDERAÇÕES SOBRE A FRANÇA

irlandês, que estava afastado dos acontecimentos, é quem inicia a tradição da Reacção, ou da Contra-Revolução, "que, em vez de criticar a Revolução por esta ou aquela medida, ou pelos seus excessos em geral, a rejeitam inteiramente, no seu princípio, como contrária mesmo à natureza do homem social e moral"[20].

Maistre é geralmente associado a outro grande pensador francês da mesma época, que adoptou uma posição política semelhante: Louis Gabriel Ambroise, visconde de Bonald.

Maistre e Bonald conheciam-se e correspondiam-se. Partilhavam algumas características, na medida em que eram ambos membros da nobreza e magistrados. E, se concordavam no plano político, era para eles muito claro que tinham chegado a conclusões semelhantes de forma muito diferente. Bonald desenvolveu um sistema filosófico que apresentou de forma clara e estruturada, muito afastada do estilo vivaz e complicado, frequentemente paradoxal, de Maistre.

---

[20] "... qui, au lieu de critiquer la Révolution pour telle ou telle de ses mesures, ou pour ses "excès" en general, la rejette tout entière, dans son príncipe, comme contraire à la nature même de l'homme social et morale". MAISTRE, Joseph de – *Considerações sobre a França*. Int. de Pierre Manent. Bruxelas: Éditions Complexe, 1988, pág. VII.

O IDEÁRIO PRESENTE NAS *CONSIDERAÇÕES SOBRE A FRANÇA* | 43

Ambos autores actuam em reacção contra o individualismo. Assustados ao verem a sobreposição do individual ao colectivo, rejeitam tanto o individualismo como as suas consequências lógicas, a liberdade e a democracia[21]. Ambos defendem os direitos de Deus em oposição à "vaidade" inerente à declaração dos direitos do homem[22].

A Contra-Revolução não é um movimento homogéneo. Existem pelo menos duas grandes correntes na Contra-Revolução; uma corrente conservadora, de que Burke é representante; e uma concepção teocrática, de que Maistre e Bonald são os expoentes máximos.

Ambas as correntes partilham uma tendência anti-racionalista e antivoluntarista, fundada numa concepção pessimista da natureza humana. Os homens não são naturalmente bons, mas antes corrompidos por natureza, em oposição ao "bom selvagem" proposto por Rousseau.

Porém, enquanto a corrente conservadora elogia a criatividade espontânea da história, o pensamento teocrático perfilha um projecto político assente num

---

[21] FAGUET, Émile – *Politiques et moralistes du dix-neuvième siècle.* 1.ª série. Paris: Lecène, Oudin et Cto Éditeurs, 1891, pág.s XIV e XV.

[22] CHÂTELET, François, DUHAMEL, Olivier e PISIER, Evelyne – *Histoire des Idées Politiques.* 2.ª ed. Paris: Presses Universitaires de France, 1982, pág. 74.

44 | CONSIDERAÇÕES SOBRE A FRANÇA

poder político e religioso que tome posição, que se oponha às circunstâncias e que seja um instrumento consciente da ordem divina.

Em oposição ao igualitarismo que a Revolução propunha, a Contra-Revolução defendia o reconhecimento das diferenças essenciais que distinguem os homens entre si – de classe, mas também de méritos, capacidades e responsabilidades. Nesta visão, a representação existe e é defendida numa visão herdada do feudalismo, como soma dos interesses corporativos da nação e expressão directa da sua constituição social, que é a sua constituição natural.

A nação não é uma associação voluntária, resultado de um contrato social; a sociedade preexiste ao homem, como ordem natural e transcendente directamente criada por Deus. Também a língua preexiste ao homem e estão ambas livres do seu arbítrio.

Na concepção teocrática há uma visão especialmente dramática da condição humana, marcada pela queda e pelo pecado original. A História apresenta a vacuidade dos esforços humanos para controlar o seu destino: é a mão da Providência que realiza os seus desígnios insondáveis – em Maistre na ordem histórica, em Bonald na ordem social.

As causas da revolução prendem-se com a Reforma Protestante, que arruinou o princípio da autoridade. Bonald e Maistre partilham a preocupação de restaurar uma religião intrinsecamente dogmática,

O IDEÁRIO PRESENTE NAS *CONSIDERAÇÕES SOBRE A FRANÇA* | 45

que traz em si o princípio, religioso e político em simultâneo, da autoridade.

Tradição e Revolução são inconciliáveis: os teocratas apresentam o mundo como um teatro de luta entre o bem e o mal, em que a necessidade de uma escolha metafísica é inelutável.

O conservadorismo de Maistre é no entanto devedor da admiração que nutre por Burke, que lê desde 1791, e cuja obra *Reflections on the Revolution in France* não o abandona, mesmo no exílio. Concorda com Burke na rejeição dos direitos do Homem, da soberania do povo e das inovações políticas; concorda em particular com a crítica a Rousseau, que desenvolve com veemência. Porém a semelhança entre as duas obras, como defendeu Darcel[23], é muito limitada, não existindo propriamente uma dívida, mas antes uma comunhão de preferências, autores de referência e ideias. Algumas ideias que ambos autores partilham são a visão de Deus como arquétipo primitivo de toda a perfeição e a religião como a base da sociedade civil; a história é vista como a memória dos povos; a fidelidade aos costumes e tradições que são os dogmas nacionais é a condição de permanência

---

[23] "Introduction" in MAISTRE, Joseph de – *Considerações sobre a França*. Ed. crítica de Jean-Louis Darcel. Genebra: Éditions Slatkine, 1980, pág. 23.

46 | CONSIDERAÇÕES SOBRE A FRANÇA

das nações; e ainda a rejeição do espírito de abstracção que conduz aos direitos do homem, aos mitos da igualdade e da liberdade que são factores de dissolução da harmonia social.

No que respeita as citações directas, nas *Considerações sobre a França* Burke é invocado apenas uma vez, a propósito de um assunto menor: o espanto perante o empenho legislativos dos revolucionários franceses, tendo em conta a sua costumeira ligeireza[24].

Maistre realiza uma defesa quase intransigente do valor da ordem – que lhe valeu ser apelidado por Berlin como "inimigo da liberdade", nomeadamente pela defesa que faz, em outras obras, do papel do carrasco como garante da ordem social. A ordem em Maistre é, sobretudo, uma ordem universal, a ordem que reflecte a Providência, ou seja, a origem e a intervenção divina no mundo. Esta ordem existe também no mundo político; e é inevitável a tendência da Revolução para regressar à ordem política desejada por Deus: a Monarquia governada por um Soberano legítimo.

A sacralidade da autoridade sob as suas diversas figuras é também uma das ideias queridas de Maistre,

---

[24] BURKE, Edmund – *A letter to a member of the National Assembly*. vol. IV. Boston: Little, Brown and Company, 1865, pag. 72.

defendendo o direito divino dos Reis nas *Considerações sobre a França* e no *Essai sur le principe générateur des constitutions politiques et des autres institutions humaines*; e defendendo a autoridade da religião instituída, em *Du Pape*, e a autoridade do próprio Deus, em *Soirées de Saint-Pétersbourg*.

A obra de Maistre tem como princípio unificador o combate ao "ódio à autoridade, ao projecto de emancipação do homem proposto pelo Protestantismo e pelas Luzes. Contra este projecto de autonomia, Maistre propõe a autoridade transcendente da tradição, do Rei e da vontade Divina, expressa de forma mais próxima dos homens pela Divina Providência.[25] O que remete já claramente para o verdadeiro intuito da obra: descortinar o sentido oculto e transcendente da Revolução.

[25] PRANCHÈRE, Jean-Yves – La philosophie de Joseph de Maistre. In AAVV – *Révue des Études Maistriennes 13 – Joseph de Maistre: Actes du colloque de Chambéry*. Paris: Honoré Champion, 2001, pág. 55.

48 | CONSIDERAÇÕES SOBRE A FRANÇA

2. Visão sobrenatural da Revolução

a. A dimensão milagrosa

A visão da Revolução de Maistre não se limita aos aspectos políticos. Tem uma profundidade religiosa e mística que remete para o sistema filosófico desenvolvido pelo autor.

Confrontado com a Revolução Francesa, Maistre considera-a um milagre, no sentido em que é uma intervenção divina que excede a realidade humana; é porém, de natureza radicalmente má. "Ora, o que distingue a Revolução francesa, e o que a torna um *acontecimento* único na história, é que é radicalmente má; nenhum elemento de bem aí alivia o olhar do observador: é o mais alto grau de corrupção conhecido; é a pura impureza."[26]

Paradoxalmente, Maistre vê a Revolução como possuindo uma ordem própria, que subsiste na desordem revolucionária. O autor deduz o carácter divino

---

[26] "Or, ce qui distinque la Révolution françoise, et ce qui en fait un *événement* unique dans l'histoire, c'est qu'elle est mauvaise radicalement; aucun élément de bien n'y soulage l'oeil de l'observateur: c'est le plus haut degré de corruption connu; c'est la puré impureté." MAISTRE, Joseph de – *Considerações sobre a França*. Ed. crítica de Jean-Louis Darcel. Genebra: Éditions Slatkine, 1980, pág. 103.

O IDEÁRIO PRESENTE NAS *CONSIDERAÇÕES SOBRE A FRANÇA* | 49

da Revolução pela ordem que esta contém em si: nenhum homem a controla, ninguém se lhe opõe com sucesso; a Revolução tem um sentido, caminha por si só, utilizando como instrumentos os homens e os seus objectivos diversos e contraditórios. É também sinal do seu carácter sobrenatural a forma como vai castigando, com uma severidade que seria impossível sob um outro regime, os seus mais fervorosos adeptos.

Maistre intui que a Revolução constitui uma nova ordem, uma nova época do mundo; caracterizada pela presença obcecante do mal, mas um mal necessário, que antecede a regeneração dos indivíduos e das Nações. Coerente com a teoria da História que desenvolve, Maistre considera a Revolução uma manifestação da Providência, "que pune para regenerar"[27]. Nesta época especial, a liberdade dos homens é mais restrita, e tudo converge para o destino escolhido pela Divindade.

A Revolução é o castigo da França. Nação que desempenha um papel especial, que tem uma missão divina de cristianização da Europa[28], ao permitir

[27] "... c'est qu'elle punit pour régénerer". MAISTRE, Joseph de – *Considerações sobre a França*. Ed. crítica de Jean-Louis Darcel. Genebra: Éditions Slatkine, 1980, pág. 68.

[28] MAISTRE, Joseph de – *Considerações sobre a França*. Ed. crítica de Jean-Louis Darcel. Genebra: Éditions Slatkine, 1980, pág. 67 e seguintes.

50 | CONSIDERAÇÕES SOBRE A FRANÇA

desenvolver em si a filosofia anti-religiosa das Luzes, ao realizar uma Revolução contra o Rei e contra a Religião que põe em causa toda a ordem tradicional querida por Deus, a França falhou na sua missão divina. Incorre assim num castigo tanto maior quanto a importância da falta cometida. Maistre, defendendo a unidade essencial da humanidade, associa as faltas dos homens às faltas das nações – "todo o atentado cometido contra a soberania, *em nome da Nação*, é sempre, mais ou menos, um crime nacional; porque é sempre mais ou menos culpa da Nação que um número qualquer de facciosos tenha empreendido cometer um crime em seu nome.[29]"

Deus não pretende, porém, a extinção da Nação francesa; faz parte do Seu plano a sua purificação para que prossiga no seu papel de exemplo para outras nações. E assim se justifica o fracasso incessante das tentativas contra-revolucionárias dos realistas e os sucessos das campanhas militares revolu-

---

[29] "...c'est que tout attentat commis contre la souveraineté, *au nom de la Nation*, est toujours plus ou moins un crime national: car c'est toujours plus ou moins la faute de la Nation si un nombre quelconque de factieux s'est mis en état de commetre le crime en son nom." MAISTRE, Joseph de – *Considerações sobre a França*. Ed. crítica de Jean-Louis Darcel. Genebra: Éditions Slatkine, 1980, pág. 73.

O IDEÁRIO PRESENTE NAS *CONSIDERAÇÕES SOBRE A FRANÇA* | 51

cionárias, que garantem a manutenção e até a expansão da unidade territorial de França.

A Revolução pune justos e injustos. Face à natural aversão ao sofrimento dos inocentes, Maistre defende, primeiramente, que existiam poucos inocentes entre os Franceses que sofreram com a revolução, visto que muitos se tinham já, de alguma forma, rebelado contra Deus ou a Igreja, contra as leis da propriedade ou a constituição histórica de França, ou advogado a violência contra a família real – estes sofreram apenas os resultados das suas acções. Como aponta, os atentados contra a soberania real são os piores dos crimes, punidos de forma breve e terrível. Em segundo lugar, como se verá mais à frente, o sofrimento dos inocentes não é inútil porque se transforma em expiação das faltas dos culpados, contribuindo para a purificação da humanidade.

A Revolução, como toda a guerra, é uma forma de purificação das desordens; após um período de desconcertos provocado pela filosofia iluminista, é necessária uma terrível correcção destes males, tanto mais terrível quanto pura e frutuosa será a geração seguinte.

Surge aqui um paradoxo na obra do autor: a impossibilidade de conciliar o carácter satânico da Revolução com a sua função catártica. Se a Revolução é inteiramente má, como é possível que desempenhe uma missão purificadora? Este paradoxo ani-

52 | CONSIDERAÇÕES SOBRE A FRANÇA

ma toda a obra e é deixado por resolver pelo seu autor, possivelmente para manter a força retórica do seu argumento.

Tal como Burke, Maistre intui que a Revolução é totalitária: não se limita à esfera política, antes tem uma visão universal, anti-cristã e anti-monárquica, que ameaça todas as monarquias europeias. Não existe conciliação possível com a ordem tradicional: é uma ordem radicalmente nova, com coerência ideológica, que tende à permanência.

A dimensão religiosa e espiritual da Revolução é da máxima relevância – "estar-se-ia tentado a acreditar que a revolução política é apenas um objecto secundário do grande plano que se desenrola perante nós com uma terrível majestade.[30]". O Iluminismo e o Protestantismo iniciaram uma revolução moral em toda a Europa, que subverteu a moralidade cristã e ameaça trono e altar, pondo em risco o laço social que une as sociedades. A luta contra este movimento, que a própria França inicia, é uma tarefa que a mesma nação, pelo papel especial que desempenha

[30] "En verité, on seroit tenté de croire que la révolution politique n'est qu'un object secondaire du grand plan qui se déroule devant nous avc une majesté terrible". MAISTRE, Joseph de – *Considerações sobre a França*. Ed. crítica de Jean-Louis Darcel. Genebra: Éditions Slatkine, 1980, pág. 82.

O IDEÁRIO PRESENTE NAS *CONSIDERAÇÕES SOBRE A FRANÇA* | 53

no mundo, deverá levar a cabo. A revolução é justamente o ponto de viragem deste movimento. Reunindo de forma tão vincada todos os mais negativos emblemas, a Revolução será enfrentada pela Contra-Revolução; parafraseando Maistre, esta está aparentemente morta mas, à semelhança de Cristo, prestes a ressuscitar: a Contra-Revolução triunfará em França e restabelecerá a ordem em toda a Europa. Assume assim especial importância o papel desempenhado pela Revolução na regeneração moral do clero francês através do sofrimento e do exílio, como primícias da regeneração de toda a Nação. Em especial, o êxodo do clero francês purificado abre a possibilidade de um movimento de regeneração religiosa, política e moral que una as Igrejas cristãs, reunindo-se perante um inimigo comum – o espírito das Luzes, defensor do ateísmo –, e regressando à unidade essencial em torno de Roma.

b. Visão providencialista da História

Maistre apresenta a História como fonte essencial do conhecimento e corroboração das suas ideias.

A sua teoria da História baseia-se numa visão providencialista, que salienta a intervenção divina na história humana. A Revolução constitui um

54 | CONSIDERAÇÕES SOBRE A FRANÇA

momento privilegiado de observação da participação de Deus na História dos homens, pois nesse momento a Providência revela-se de forma especialmente visível. Esta intervenção, tão clara e visível aos olhos de Maistre, é menos patente aos olhos dos homens porque os filósofos iluministas, principais responsáveis pelas desordens que exigiram um tão terrível castigo, afastaram os homens de Deus.

Já haveis aprendido a conhecer os pregadores destes dogmas funestos, mas a impressão que eles causaram sobre vós ainda não se apagou. Em todos os vossos planos de criação e de restauração, esqueceis apenas Deus: eles separaram-vos d'Ele. É apenas por um esforço de raciocínio que vós elevareis os vossos pensamentos até à fonte inexaurível de toda a existência. Vós quereis ver apenas o homem, cuja acção é tão fraca, tão dependente, tão circunscrita, e a sua vontade tão corrompida, tão flutuante; e a existência de uma causa superior é para vós apenas uma teoria. Porém ela persegue-vos, ela cerca-vos: vós tocais-lhe, e o universo inteiro vo-la anuncia.[31]

---

[31] "Dejà vous avez appris à connoître les prédicateurs de ces dogmes funestes, mais l'impression qu'ils ont faite sur vous n'est pas effacée. Dans tous vos plans de création et de restauration, vous n'oubliez que Dieu: ils vous ont separés de lui. Ce n'est plus que par un effort de raisonnement que vous élevez vos pensées

O IDEÁRIO PRESENTE NAS *CONSIDERAÇÕES SOBRE A FRANÇA* | 55

Assim, como aponta Pierre Manent, o princípio da inteligibilidade dos acontecimentos para Maistre é, não as intenções e acções dos agentes políticos, mas antes a vontade divina que intervém na História como Divina Providência. O historicismo de Maistre, sob a forma da sua proposta providencialista, é apenas um primeiro de entre os vários historicismos do séc. XIX[32].

Os homens são livres, mas têm uma área de liberdade restrita: "Todos estamos ligados ao trono do Ser supremo por uma corrente flexível, que nos prende sem nos escravizar[33]". A acção da Providência não afecta a liberdade humana, embora, numa época

---

jusqu'à la source intarissable de toute existance. Vous ne voulez voir que l'homme, son action si foible, si dépendante, si circonscrite, sa volonté si corrompue, si flottante; et l'existence d'une cause superieure n'est pour vous qu'une théorie. Cependant elle vous presse, elle vous environne: vous la touchez, et l'univers entier vous l'annonce." MAISTRE, Joseph de (ed. crítica de Jean-Louis Darcel) – *Considerações sobre a França*, 1980, Éditions Slatkine, Genebra, pág. 161 e 162.

[32] "Introduction" in MAISTRE, Joseph de – *Considerações sobre a França*. Int. de Pierre Manent. Bruxelas: Éditions Complexe, 1988, pág.s IX e X.

[33] "Nous sommes tous attachés au trône de l'Être suprême par une chaîne souple, qui nous retient sans nous asservir". MAISTRE, Joseph de (ed. crítica de Jean-Louis Darcel) – *Considerações sobre a França*, 1980, Éditions Slatkine, Genebra, pág. 63.

de Revolução, os limites da sua liberdade sejam mais apertados. Não impede porém que os homens participem no plano divino: a Providência frequentemente faz uso da acção dos homens, cuja natureza conhece tão profundamente, fazendo-a concorrer para os fins que pretende.

Na medida em que a História é marcada pela Providência, é muitas vezes ininteligível para os homens. A relação causa-efeito é frequentemente suspensa, sobretudo nos momentos em que a Providência se revela de forma tão visível, como é a Revolução. Assim Maistre justifica a forma como, durante a Revolução, as acções dos homens têm resultados inesperados e irracionais, porque conformes à vontade de Deus e não à inteligência humana.

O Providencialismo de Maistre forma-se aquando da sua estadia em Lausanne. Face às vitórias do Terror e ao fracasso das iniciativas dos emigrados e da coligação de Estados, torna-se necessária uma explicação para o aparente contra-senso da vitória dos inimigos de Deus: é a vontade divina que quer a vitória da França revolucionária como prefácio da restauração triunfante da monarquia e da religião cristã, como exemplo para todas as nações. Esta visão religiosa, que Maistre sistematiza e expõe, não é totalmente original; como demonstra Robert Triomphe, era largamente partilhada no círculo de emigrados de Lausanne, atestado pelo testemunho de vários

O IDEÁRIO PRESENTE NAS *CONSIDERAÇÕES SOBRE A FRANÇA* | 57

dos seus membros ou de pessoas que contactaram esse grupo.[34]

Maistre apresenta frequentes dúvidas em relação às possibilidades da razão humana: "Mas o que somos nós, fracos e cegos humanos!, e o que é esta luz tremente a que chamamos *Razão?*"[35]. Sustenta por vezes que o irracional é o sinal da verdade; a razão tem um critério que é a evidência, e que é o mais enganador dos sinais, e é cruelmente desmentida pela experiência. O optimismo, o liberalismo, as várias doutrinas da filosofia do séc. XVIII parecem evidentes e satisfazem a razão; mas são falsas, e toda a experiência as contradiz. Pelo contrário, instituições já antigas como a monarquia hereditária, a constituição não escrita ou a venalidade dos cargos de magistratura, parecem irracionais, mas no entanto funcionam.

Outros autores, como Vaulx, sustentam que, apesar do fascínio de Maistre pelo misterioso, a teoria

[34] TRIOMPHE, Robert – *Joseph de Maistre. Étude sur la vie et sur la doctrine d'un matérialiste mystique.* Genebra: Librairie Droz, 1968, pág. 165.

[35] "Mais que sommes nous, foibles et aveugles humains! Et qu'est-ce que cette lumière tremblotante que nous appelons *Raison?*" MAISTRE, Joseph de (ed. crítica de Jean-Louis Darcel) – *Considerações sobre a França*, 1980, Éditions Slatkine, Genebra, pág. 151.

58 | CONSIDERAÇÕES SOBRE A FRANÇA

da história providencialista do autor das *Considerações sobre a França* não exclui a racionalidade[36]. À semelhança de Aristóteles e São Tomás de Aquino, dividindo as causas em causas primeiras e causas segundas, Maistre explica também os acontecimentos pelas suas causas segundas, na esfera da racionalidade humana, reservando as causas primeiras ou finais para a Providência, que define a existência de leis gerais do universo, das quais ninguém está isento.

Outra perspectiva considera que existiu uma evolução no pensamento do autor. Se nas suas obras iniciais, entre as quais as *Considerações sobre a França*, a racionalidade é radicalmente desvalorizada enquanto instrumento de compreensão da realidade, nas suas obras mais tardias, como as *Soirées de Saint-Petersbourg* e na sua correspondência, é clara a atribuição de importância à capacidade humana de compreender o mundo em seu redor – não deixando porém de enfatizar os elementos obscuros e misteriosos no universo[37].

---

[36] "Introduction" in MAISTRE, Joseph de – *Une Politique Expérimentale*. Int. e selecção de textos de Bérnard de Vaulx, Bérnard. Paris: Librairie Arthème Fayard, 1940, pág. 29.

[37] BRITO, A.J. – Maistre. In CABRAL, Roque e tal. (dir.) – *Logos : enciclopédia luso-brasileira de filosofia*, [Lisboa]: Verbo, 1997-2001, pág. 594.

c. Sociedade e Indivíduo

Maistre defende o primado da sociedade concebida organicamente como tendo um valor superior ao da soma dos indivíduos. O desejo natural de unidade que Deus imprimiu nos homens torna-os naturalmente seres sociais. A sociedade tem duas facetas: uma faceta política, em que a unidade é consagrada pela figura real e pela soberania real – e que existe em guerra constante contra outras sociedades; e uma faceta religiosa, instituída directamente por Deus através da Revelação, mais próxima de Deus e que está também fragmentada. A unidade das sociedades só é conseguida através de uma autoridade, que é um poder unificador: o Rei, na sociedade política, o Papa, na sociedade religiosa.

É pois de origem divina o poder real e o poder papal, porque é Deus que imprime em tudo a tendência para a unidade, que só pode ser conseguida através de uma autoridade individual. Os reis podem ser injustos: porém, a revolta contra um Rei é uma revolta contra a ordem do mundo; e a injustiça de um Rei não justifica o direito de resistência, antes se insere no próprio universo que, em tudo violento, é injusto.

Não tendo as limitações da Constituição escrita ou da opinião pública, o poder do Rei é absoluto. Porém, absoluto é também o seu dever. Deus julga os reis, de acordo com a justiça eterna que eles são chamados a cumprir, e a que os homens são chamados a aderir, para merecerem a recompensa eterna. Apesar do seu poder absoluto, os reis têm limites: devem cumprir as leis fundamentais dos seus Reinos, devem ser coadjuvados pelos seus conselheiros e obedecer à voz de Deus, depositada na Igreja. A Igreja esclarece os reis sobre os seus deveres, ajudando-os a definir as máximas da sua actuação.

d. A lei da violência e a economia do sacrifício

É nas *Considerações sobre a França* que Maistre primeiramente apresenta o dogma da reversibilidade das dores dos inocentes a favor dos culpados, elemento central da sua teoria do sacrifício, que virá a desenvolver em obras posteriores – sobretudo em *Eclaircissement sur les sacrifices*.

Maistre tem uma visão essencialmente violenta do universo, que baseia na observação da História e da natureza. O mundo é uma injustiça constante, uma iniquidade em que a morte se repete eternamente.

A lei da violência que regula o universo não escolhe as suas vítimas: todos lhe estão sujeitos e as vidas são ceifadas sem olhar aos méritos individuais. Tudo é violento nos reinos naturais da flora e da

O IDEÁRIO PRESENTE NAS *CONSIDERAÇÕES SOBRE A FRANÇA* | 61

fauna; e o homem está no cimo da cadeia da violência, não tendo outro predador natural senão o próprio homem. A existência humana é desequilibrada, cheia de excessos, ambivalente e desproporcionada.

A guerra, como demonstra a História, é o estado habitual do homem. É uma forma privilegiada de "podar" a humanidade, em dois sentidos: quer como controlo populacional, uma vez que o homem não tem outros predadores naturais; quer como forma de, castigando os indivíduos culpados e corrigindo as desordens gerais, regenerar e fazer crescer povos mais vigorosos, que dão abundantes frutos nas artes, ciências, virtudes e grandes empreendimentos e concepções – "o sangue é o adubo desta planta a que se chama *génio*."[38], afirma Maistre.

Mesmo quando um Estado está em paz com os seus vizinhos, a violência não cessa: existem violências inumeráveis, crimes cometidos a todo o momento que exigem castigo. O criminoso e o carrasco são os representantes, no seio de uma sociedade pacífica, da omnipresente lei da violência.

---

[38] "... le sang est l'engrais de cette plante qu'on appelle *génie*." MAISTRE, Joseph de – *Considerações sobre a França*. Ed. crítica de Jean-Louis Darcel. Genebra: Éditions Slatkine, 1980, pág. 93.

62 | CONSIDERAÇÕES SOBRE A FRANÇA

O autor explica a injustiça e o mal na Terra pela ofensa inicial do homem a Deus. É do pecado original que vem todo o mal; na vida terrena, Deus permite o mal, que o Seu próprio Filho Jesus Cristo suportou, enquanto castigo da humanidade, e é através do castigo que as almas são salvas. Faguet explicita o pensamento de Maistre "Deus é injusto no tempo, Ele é justo na eternidade."[39]

Como resultado do pecado original, os homens caracterizam-se pela duplicidade e ambivalência, oscilando entre o bem e o mal. Desempenham um papel especial na economia da violência, uma oportunidade de redenção do mal que cometem, que define as suas existências e faz deles os seres que oferecem sacrifícios.

Maistre defende que, através da unidade essencial do género humano, as dores dos inocentes revertem a favor dos culpados. Considera este dogma a base do Cristianismo, na medida em que todos os cristãos acreditam que é pela Paixão e Morte de Cristo que são redimidos. Mesmo nas religiões pagãs, é este o fundamento da ideia do sacrifício, como compen-

---

[39] "Dieu est injuste dans le temps. Dieu est juste dans l'eternité". FAGUET, Émile – Joseph de Maistre. In FAGUET, Émile – *Politiques et moralistes du dix-neuvième siècle*. 1.ª série. Paris: Lecène, Oudin et Cto Éditeurs, 1891, pág. 44.

O IDEÁRIO PRESENTE NAS *CONSIDERAÇÕES SOBRE A FRANÇA* | 63

sação apresentada pelo homem que oferece o sacrifício ou por outro, que constitui um *bode expiatório* – assim se compreende oferecimento de bens, de animais ou até sacrifícios humanos.

Maistre invoca a História em apoio deste dogma. Em todas as civilizações do mundo se acreditou na eficácia do sacrifício para apaziguar os deuses, redimir faltas e atrair bênçãos. Uma prática tão omnipresente, tanto no espaço como no tempo, é necessariamente verdadeira. O sacrifício humano, presente nalgumas civilizações, é uma degradação de um costume verdadeiro; apesar de errado, a verdade que contém torna-o preferível à impiedade total.

Como aponta Owen Bradley, a teoria do sacrifício de Maistre tem duas bases: a substituição – uma vida pode ser substituída por outra; e a reversibilidade – uma falta pode ser perdoada pelo sacrifício de outro que não o que a cometeu, ou seja, o inocente pode expiar pelo pecador[40]. São estas as duas bases que permitem a ordem geral, equilibrando os justos pelo seu sofrimento a violência ocasionada pelos pecadores.

O pensamento de Maistre é também marcado pela figura do carrasco, que desenvolve noutras

---

[40] BRADLEY, Owen, *A Modern Maistre. The social and political thought of Joseph Maistre.* Lincoln e Londres: University of Nebraska Press, 1999, pág. 43 e seguintes.

64 | CONSIDERAÇÕES SOBRE A FRANÇA

obras[41]. O carrasco é considerado garante da ordem social, ao garantir a punição temporal dos crimes. Associada a esta função, que reflecte o monopólio estatal da violência legítima, o carrasco tem ainda uma função espiritual. O castigo de tortura e execução do criminoso ou do inimigo é uma forma de compensação, de equilíbrio; permite a redenção do crime cometido. Simultaneamente, enquanto espectáculo público, a execução dos criminosos instila e reforça os laços sociais, ligando a sociedade, que beneficia da compensação.

[41] Cf, por exemplo, MAISTRE, Joseph de – *Une Politique Expérimentale*. Int. e selecção de textos de Bérnard de Vaulx, Bérnard. Paris: Librairie Arthème Fayard, 1940, pág. 71.

ACTUALIDADE DAS CONSIDERAÇÕES SOBRE A FRANÇA

Maistre, ao contrário de Bonald, é ainda frequentemente invocado nos debates políticos de hoje. As suas mais famosas citações continuam a ser invocadas com um papel simbólico, representando a recusa da Modernidade.

Pela radicalidade das suas posições, é um autor que desperta antipatias em em todos os quadrantes, mesmo junto daqueles que partilham a fé católica. Pranchère chega a afirmar que Maistre "vale como nome de uma atitude intelectual indefensável"[42].

---

[42] "...Maistre vaut comme le nom d'une attitude de pensée indéfendable..." PRANCHÈRE, Jean-Yves – La philosophie de Joseph de Maistre. In AAVV – *Révue des Études Maistriennes 13 – Joseph de Maistre: Actes du colloque de Chambéry.* Paris: Honoré Champion, 2001, pág. 52.

66 | CONSIDERAÇÕES SOBRE A FRANÇA

Há porém vários elementos do pensamento de Maistre que mantêm interesse e actualidade. Não apenas a análise literária ou de retórica, ou o testemunho dos acontecimentos marcantes da época da Revolução Francesa, mas também aspectos relacionados com os seus contributos para o desenvolvimento da sociologia e a sua crítica a alguns aspectos da modernidade.

Numa perspectiva literária, é um autor relevante na história da literatura em língua francesa. O seu estilo é vigoroso, com um "sopro dantesco", utilizando imagens plenas de força. Maistre adoptou uma estilística do sublime, consentânea com o seu intuito de desvendar o sentido metapolítico e metafísico da revolução. A seu ver, um acontecimento tão impressionante e com tamanhas repercussões exige uma linguagem inflamada, que permita transmitir o intransmissível, veicular o transcendente[43].

É também um autor que desperta interesse como objecto de um estudo de retórica. Polemista de grande relevo, as suas obras são um verdadeiro tratado de recursos argumentativos, salientando-se desde logo o uso oportuno do paradoxo. Pretende sobretudo

---

[43] "Introduction" in MAISTRE, Joseph de – *Écrits sur la Révolution*. Int. e selecção de textos de Jean-Louis Darcel. Paris: Quadrige / / Presses Universitaires de France, 1989, pág. 14.

inquietar o leitor, provocá-lo despertando nele reacções fortes de aprovação ou de repulsa.

É de notar que, não tendo embora Maistre constituído uma escola, o seu pensamento influenciou autores muito diversos, desde Comte – que considerava que Maistre foi o primeiro autor a ter noção da existência de uma física social e política –, até autores como Baudelaire, Cortès, Maurras ou Schmitt.

Maistre defende a ideia de ordem, que vai marcar profundamente a teoria sociológica desenvolvida por Comte. A defesa de uma concepção orgânica da sociedade, com primazia em relação ao indivíduo, a criação da palavra "individualismo" – é Maistre o seu autor –, a crítica à ideia do contrato social, a importância da coesão simbólica da sociedade, que aponta já para a importância sociológica das normas e costumes culturais e religiosos, são elementos que Comte irá absorver no seu sistema positivista.

Através de Comte, Maistre influencia também Durkheim, que defendeu ideias esboçadas por Maistre, tais como a religião enquanto força que guia a solidariedade social, gerada em rituais de culto colectivos, ou a crítica da sobre-racionalização e da fragmentação da vida social moderna.

A contribuição de Maistre para a sociologia é a "sua análise muito racional das condições necessárias

68 | CONSIDERAÇÕES SOBRE A FRANÇA

de todo o poder espiritual"[44], refere Owen Bradley, citando Comte. Esta análise mantém a sua actualidade ainda hoje, face à necessidade de uma força moral para travar as tendências egoístas, individualistas e materialistas da modernidade ocidental, que possuem em si elementos autodestruidores.

Maistre está no cruzamento da Modernidade. Por um lado, refere Faguet[45], é um homem do séc. XVIII, possuidor de uma vasta erudição clássica e de um espírito sistemático e dogmático. Por outro lado, Maistre opõe-se profundamente à filosofia das Luzes. Como foi visto atrás, critica o individualismo, a ideia de progresso meramente humano, a soberania partilhada, o racionalismo, a engenharia social, etc.

Berlin sustenta que autores como Maistre, Burke, Tolstoi e T. S. Eliot, perceberam a falácia do racionalismo do séc. XVIII, que julgava que os fenómenos da vida social e individual podiam ser deduzidos através das suas condições iniciais e de leis científicas, tal como os fenómenos naturais. Maistre foi um dos

---

[44] "..."very rational analysis of the necessary conditions of all spiritual power"." BRADLEY, Owen, *A Modern Maistre. The social and political thought of Joseph Maistre*. Lincoln e Londres: University of Nebraska Press, 1999, Pág. 83.

[45] FAGUET, Émile – Joseph de Maistre. In FAGUET, Émile – *Politiques et moralistes du dix-neuvième siècle*. 1.ª série. Paris: Lecène, Oudin et Cto Éditeurs, 1891, pág. 65.

ACTUALIDADE DAS CONSIDERAÇÕES SOBRE A FRANÇA | 69

autores que apontou a distância entre a generalização e a situação concreta; porém, Maistre apresenta como única alternativa uma explicação teológica: em substituição das leis científicas, está decidido a buscar a chave da explicação dos fenómenos sociais na Providência, na actuação divina na História.[46] Sendo o Iluminismo a base intelectual da Modernidade, a crítica de Maistre é já uma crítica à Modernidade, enquadrada na pré-Modernidade, mas incluindo já elementos recuperados pelo pensamento dito pós-moderno. É neste sentido que o seu estudo desperta um interesse actual, num momento em que tantos aspectos da Modernidade são postos em questão, defende Pranchère:

> A deriva totalitária que conheceu no séc. XX o ideal do "homem total", o insucesso da esperança revolucionária de uma emancipação *total* do homem não podem deixar intactos os ideias das Luzes, caracterizados pela fé no progresso, pela confiança nas possibilidades ilimitadas da ciência e pela esperança de uma sociedade totalmente racional.[47]

[46] BERLIN, Isaiah – *The Sense of Reality*. London: Chatoo & Windus, 1996.
[47] "... le débouché totalitaire qui a connu au XX^c siècle l'idéal de "l'homme total", l'échec de l'espoir révolutionnaire d'une emancipation *totale* de l'homme ne peuvent laisser intacts les

70 | CONSIDERAÇÕES SOBRE A FRANÇA

Ganha assim renovado interesse conhecer os argumentos, alguns dos quais atrás expostos, que Maistre opõe ao racionalismo iluminista, à crença no progresso e à denúncia da violência inerente à reconstrução humana das sociedades através de instrumentos legais.

O estudo do autor saboiano é também oportuno para a reflexão sobre os fundamentos da democracia. Este autor defende que o laço social não pode ser nem liberal nem democrático, uma vez que a multiplicidade de interesses e opiniões não pode constituir uma comunidade nem reflectir a unidade essencial da humanidade; a ordem social implica um fundamento transcendente, algo que não pode ser escrito em documentos constitucionais, que assegura a união. É necessário a partilha de uma crença abrangente e profunda, ou, pelo menos, a existência de uma cultura política que agregue indivíduos diferenciados em tantos aspectos.

Hoje em dia, uma reflexão neste sentido torna-se oportuna na medida em que se reconhece a neces-

---

ideaux des Lumières, caractérisés par la foi dans le progress, par la confiance dans les possibilites illimitées de la science et par l'espoir d'une societé totalement rationnelle." PRANCHÈRE, Jean-Yves – La philosophie de Joseph de Maistre. In AAVV – *Révue des Études Maistriennes 13 – Joseph de Maistre: Actes du colloque de Chambéry.* Paris: Honoré Champion, 2001, pág. 50.

ACTUALIDADE DAS CONSIDERAÇÕES SOBRE A FRANÇA | 71

sidade de reforçar um consenso social em torno da democracia, que pode não surgir de forma espontânea:

a própria democracia supõe, para além do livre jogo dos indivíduos, a organização de um consenso democrático que resulte da formação dos indivíduos pelas instituições que as precedem (tais como o Estado, a escola ou o mercado) (...) a tese de Maistre segundo a qual o Estado deve ter uma base religiosa assume desde logo um sentido que ultrapassa a simples defesa, historicamente datada, da aliança entre trono e altar.[48]

Outro aspecto da obra de Joseph de Maistre que tem sido alvo de debate na actualidade tem origem na crítica de Isaiah Berlin, no séc. XX, que o considera um "inimigo da liberdade" e uma das origens de uma variante do totalitarismo moderno. Maistre acreditava que o essencial da vida era sofrimento, na medida em que o universo era caracterizado pela lei da violência, e que o sofrimento era necessário para a salvação da humanidade, numa lógica de

---

[48] PRANCHÈRE, Jean-Yves – La philosophie de Joseph de Maistre. In AAVV – *Révue des Études Maistriennes 13 – Joseph de Maistre: Actes du colloque de Chambéry*. Paris: Honoré Champion, 2001, pág. 50.

72 | CONSIDERAÇÕES SOBRE A FRANÇA

reversão dos méritos dos inocentes em prol dos culpados, convicção que o afasta, por princípio, de qualquer tipo de humanitarismo[49]. Defensor de um pessimismo antropológico, tinha fraca consideração pela capacidade humana para o bem e desvalorizava a sua capacidade racional. Pelo seu historicismo e pragmatismo, e sobretudo pela sua convicção de que o governo de uma sociedade é necessariamente a repressão da maioria fraca por uma minoria, Berlin considera que "Maistre é uma espécie de precursor e defensor inicial do Fascismo"[50].

Outros autores, pelo contrário, vêem Maistre como um dos mais importantes críticos do primeiro regime totalitário da modernidade, o terror jacobino. Darcel apresenta a sua perplexidade com esta questão:

> Reviravolta inquietante: o pensamento de Joseph de Maistre, que para muitos leitores analisa e denuncia, em nome dos valores cristãos, a primeira versão do terrorismo

[49] Esta crítica confronta-se com alguns textos do autor, em que este mostra preocupações caritativas. Cf MAISTRE, Joseph de – *Une Politique Expérimentale*. Int. e selecção de textos de Bérnard de Vaulx, Bérnard. Paris: Librairie Arthème Fayard, 1940, pág. 75 e seguintes.

[50] BERLIN, Isaiah – Maistre. In BERLIN, Isaiah – *Rousseau e outros Cinco Inimigos da Liberdade*. Org. e notas de Henry Hardy. Lisboa: Gradiva, 2005, Pág 192.

ACTUALIDADE DAS CONSIDERAÇÕES SOBRE A FRANÇA | 73

de Estado, a ditadura jacobina da Salvação Pública, seria ela matriz das ideologias totalitárias dos tempos modernos, esse "tronco torcido da humanidade contemporânea"?[51]

Efectivamente, como refere Pranchère, Maistre tem na sua descendência intelectual autores como Donoso Cortés, que propôs o retorno a um poder secular e supra-nacional do Papado, Maurras, que defendeu o monarquismo terrorista, e Schmitt, apologista do nazismo. Porém, Maistre era antes de mais um legitimista, e não apenas decisionista, e o seu apego à causa da monarquia legítima levava-o a recusar tanto os cesarismos e a ditadura como a democracia. Apesar de uma atracção pelo poder, que, sublinha Berlin, o levou por vezes a defender os Jacobinos e o império napoleónico face à alternativa de um vazio de poder, Maistre nunca abandonou a apologia da monarquia absoluta de um

---

[51] "Inquiétant retournement: le pensée de Joseph de Maistre qui pour beaucoup de lecteurs analyse et dénonce, au nom dês valeurs chrétiennes, la première version du terrorisme d'État, la dictature jacobine de salut public, serait-elle la matrice dês idéologies totalitaires dês temps modernes, ce "bois tordu de l'humanité contemporaine"?" DARCEL, Jean-Louis – Les chemins de l'exil, 1792-1817. In AAVV – *Révue des Études Maistriennes 13 – Joseph de Maistre: Actes du colloque de Chambéry.* Paris: Honoré Champion, 2001, p. 47.

74 | CONSIDERAÇÕES SOBRE A FRANÇA

soberano escolhido hereditariamente. Pranchère aventa até que o critério da duração de um regime como aferição da sua legitimidade poderia levar Maistre, nos dias de hoje, a defender a democracia[52]. Convém também referir que, defendendo embora a monarquia absoluta, Maistre não defendia o totalitarismo. Para o autor das *Considerações sobre a França*, o regime ideal seria uma monarquia com características feudais, que incluía a ideia de um Estado de direito, pois o Rei estava limitado pelas tradicionais leis fundamentais do Reino, bem como pelos esclarecimentos da Igreja em relação às máximas de governação que deveria adoptar e os pareceres avisados dos seus conselheiros.

Darcel considera abusivo ver na obra de Maistre a apologia da violência do Estado, até porque este considerou a guerra um mal. Este autor propõe antes enquadrar estas reflexões numa tentativa de justificação da realidade do sofrimento humano, sugerindo que estas devem ser interpretadas à luz de uma gnose cristã, tanto no que têm de ortodoxo – a teologia católica, influência de Santo Agostinho e de Padres

---

[52] PRANCHÈRE, Jean-Yves – La philosophie de Joseph de Maistre. In AAVV – *Révue des Études Maistriennes 13 – Joseph de Maistre: Actes du colloque de Chambéry.* Paris: Honoré Champion, 2001, pág. 56.

ACTUALIDADE DAS CONSIDERAÇÕES SOBRE A FRANÇA | 75

Gregos como Orígenes –, como no que têm de especulação livre[53].

Outra abordagem desta questão é de Lebrun. Este autor, que traduziu as *Considerações sobre a França* para inglês com prefácio de Isaiah Berlin[54], considera que Maistre é um pensador extraordinário, que dá relevo a factores obscuros, menos considerados mas decisivos, do comportamento político e social – relacionados com o papel social da violência, rejeitados na sua época, mas que são hoje conhecidos. É nesta medida que Maistre antecipa as terríveis realidades do fascismo no séc. XX.

Joseph de Maistre é um autor com uma vida aventurosa, com uma extraordinária cultura e memória, e com uma capacidade de trabalho intelectual revelado pela extensão da sua obra, que não está ainda totalmente catalogada. É sobretudo, um autor que fascina pelo estilo leve e audacioso da sua escrita, pela sua capacidade de argumentação, sobretudo defendendo ideias que, na mesma época em que as escrevia, já não eram em grande parte actuais.

---

[53] DARCEL, Jean-Louis – Les chemins de l'exil, 1792-1817. In AAVV – *Révue des Études Maistriennes 13 – Joseph de Maistre: Actes du colloque de Chambéry*. Paris: Honoré Champion, 2001, pág. 47.

[54] MAISTRE, Joseph de (Int. de Isaiah Berlin e tradução de Richard A. Lebrun), *Considerations on France*, Cambridge: Cambridge Texts in the History of Political Thought, 1995.

76 | CONSIDERAÇÕES SOBRE A FRANÇA

Foi um pensador que não pôs peias ao seu pensamento: escreveu muito, e sobre assuntos muito diversos. Tinha uma atenção especial a assuntos que muitos filósofos consideraram de menor importância, e tinha a audácia de pensar sobre aquilo que muitos rejeitavam por princípio: a violência, o sofrimento, a injustiça. E se, dessas reflexões, tirou conclusões muitas vezes pouco agradáveis, não é menos verdade que levantou questões que ainda hoje atormentam os homens, que ainda hoje estão por responder.

BIBLIOGRAFIA

Bibliografia Primária:

MAISTRE, Joseph de, *Les Soirées de Saint-Petérsbourg*, Paris, Librairie Garnier Frères, s.d.

MAISTRE, Joseph de – *Une Politique Expérimentale*. Int. e selecção de textos de Bérnard de Vaulx. Paris: Librairie Arthème Fayard, 1940

MAISTRE, Joseph de – *Considérations sur la France*. Ed. crítica de Jean-Louis Darcel. Genebra: Éditions Slatkine, 1980

MAISTRE, Joseph de – *Considérations sur la France*. Int. de Pierre Manent. Bruxelas: Éditions Complexe, 1988

MAISTRE, Joseph de – *Écrits sur la Révolution*. Int. e selecção de textos de Jean-Louis Darcel. Paris: Quadrige / Presses Universitaires de France, 1989

MAISTRE, Joseph de – *De la Souveraineté du Peuple – Un Anti- Contrat Social*. Int., estabelecimento do texto e notas de Jean-Louis Darcel. Paris: Presses Univérsitaires de France, 1992

MAISTRE, Joseph de (Int. de Isaiah Berlin e tradução de Richard A. Lebrun), *Considerations on France*, Cambridge: Cambridge Texts in the History of Political Thought, 1995.

78 | CONSIDERAÇÕES SOBRE A FRANÇA

Bibliografia Secundária:

ALBALAT, Antoine – *Joseph de Maistre*. Lyon/Paris: Librairie Emmanuel Vitte, 1914

AZEVEDO, Carlos A. Moreira de e AZEVEDO, Ana Gonçalves de – *Metodologia Científica. Contributos Práticos para a Elaboração de Trabalhos Académicos*. 7.ª edição. Lisboa: Universidade Católica Editora, 2004

BAUSSAN, Charles – *Joseph de Maistre et l'idée de l'ordre*. Paris: Gabriel Beauchesne, 1921

BERLIN, Isaiah – Maistre. In BERLIN, Isaiah – *Rousseau e outros Cinco Inimigos da Liberdade*. Org. e notas de Henry Hardy. Lisboa: Gradiva, 2005

BERLIN, Isaiah – *The Sense of Reality*. London: Chatoo & Windus, 1996

BRITO, A.J. – Bonald. In CABRAL, Roque e tal. (dir.) – *Logos: enciclopédia luso-brasileira de filosofia*, [Lisboa]: Verbo, 1997--2001

BRITO, A.J. – Maistre. In CABRAL, Roque et al. (dir.) – *Logos: enciclopédia luso-brasileira de filosofia*, [Lisboa]: Verbo, 1997--2001

BRADLEY, Owen, *A Modern Maistre. The social and political thought of Joseph Maistre*. Lincoln e Londres: University of Nebraska Press, 1999

BOFFA, Massimo – Contre-Révolution. in FURET, François e OZOUF, Mona (ed) – *Dictionnaire critique de la Révolution Française. Idées*. 2.ª ed. Paris: Champs Flamarion, 1992

BURKE, Edmund – *Reflections on the Revolution in France*. vol. III. Boston: Little, Brown and Company, 1865

BIBLIOGRAFIA | 79

BURKE, Edmund – *A letter to a member of the National Assembly*. vol. IV. Boston: Little, Brown and Company, 1865

CHÂTELET, François, DUHAMEL, Olivier e PISIER, Evelyne – *Histoire des Idées Politiques*. 2.ª ed. Paris: Presses Universitaires de France, 1982

CONSTANT, Benjamin – *De la force du government actuel de la France et de la necessité de s'y rallier*, s. l., s. ed., 1796

DARCEL, Jean-Louis – Les chemins de l'exil, 1792-1817. In AAVV – *Révue des Études Maistriennes 13 – Joseph de Maistre: Actes du colloque de Chambéry*. Paris: Honoré Champion, 2001

DAUDET, Ernest – *Joseph de Maistre et Blacas*, Paris: Librairie Plon, 1908

DESCOSTES, François – *Joseph de Maistre avant la Révolution. Souvenirs d'une societé d'autrefois 1753-1793*. Reimpressão da edição de 1893. Vol. I. Genève: Slatkine Reprints, 1978

DESCOSTES, François – *Joseph de Maistre avant la Révolution. Souvenirs d'une societé d'autrefois 1753-1793*. Reimpressão da edição de 1893. Vol. II. Genève: Slatkine Reprints, 1978

DICIONÁRIOS PRO de Língua Francesa. Porto: Porto Editora, [200?] 1 DVD-ROM

DIMIER, Louis – Maistre. In DIMIER, Louis – *Les Maitres de la contre révolution au dix-neuvième siècle*, Paris: Librairie des Saints-Pères, 1907

DIMIER, Louis – Bonald. In DIMIER, Louis – *Les Maitres de la contre révolution au dix-neuvième siècle*, Paris: Librairie des Saints-Pères, 1907

FAGUET, Émile – Joseph de Maistre. In FAGUET, Émile – *Politiques et moralistes du dix-neuvième siècle*. 1.ª série. Paris: Lecène, Oudin et Cto Éditeurs, 1891

FAGUET, Émile – De Bonald. In FAGUET, Émile – *Politiques et*

80 | CONSIDERAÇÕES SOBRE A FRANÇA

moralistes du dix-neuvième siècle. 1.ª série. Paris: Lecène, Oudin et Cto Éditeurs, 1891

FROIDEFONT, Marc – Joseph de Maistre lecteur d'Origène. In KOHLHAUER, Michael (ed) – *Autour de Joseph et Xavier de Maistre. Mélanges pour Jean-Louis Darcel.* Chambéry: Université de Savoie, 2006

FURET, François e Ozouf, Mona (ed) – *Dictionnaire critique de la Révolution Française. Événements.* 2.ª ed. Paris: Champs Flamarion, 1992

FURET, François e Ozouf, Mona (ed) – *Dictionnaire critique de la Révolution Française. Acteurs.* 2.ª ed. Paris: Champs Flamarion, 1992

FURET, François e Ozouf, Mona (ed) – *Dictionnaire critique de la Révolution Française. Institutions et créations.* 2.ª ed. Paris: Champs Flamarion, 1992

FURET, François e Ozouf, Mona (ed) – *Dictionnaire critique de la Révolution Française. Idées.* 2.ª ed. Paris: Champs Flamarion, 1992

KEITNER, Chimène – *National Self-Determination: The Legacy of the French Revolution.http://www.ingentaconnect.com/content/bpl/misr/2000/00000002/00000003/art00213.* 25.3.2008.

KOHLHAUER, Michael –Joseph de Maistre et les *post-lumières.* État de la recherche et perspectives. In KOHLHAUER, Michael (ed) – *Autour de Joseph et Xavier de Maistre. Mélanges pour Jean-Louis Darcel.* Chambéry: Université de Savoie, 2006

LAROUSSE, Encyclopédie Universelle 2008. Aplicação informática

LEBRUN, Richard A. – Joseph de Maistre au delà de la France. In KOHLHAUER, Michael (ed) – *Autour de Joseph et*

Xavier de Maistre. Mélanges pour Jean-Louis Darcel. Chambéry: Université de Savoie, 2006

LEBRUN, Richard – Joseph de Maistre dans le monde anglophone. In AAVV – *Révue des Études Maistriennes 13 – Joseph de Maistre: Actes du colloque de Chambéry.* Paris: Honoré Champion, 2001

LEBRUN, Richard – Joseph de Maistre et David Hume: Ambiguïtés des Contre-Lumières. In AAVV – *Révue des Études Maistriennes 14 – Joseph de Maistre: Acteur et penseur politique.* Paris: Honoré Champion, 2004

MADOUAS, Yves – Joseph de Maistre et la critique de Bacon. Folie et Raison. In KOHLHAUER, Michael (ed) – *Autour de Joseph et Xavier de Maistre. Mélanges pour Jean-Louis Darcel.* Chambéry: Université de Savoie, 2006

MATYASZEWSKI, Pawel – Maistre et Rivarol, l'Europe et la France. In KOHLHAUER, Michael (ed) – *Autour de Joseph et Xavier de Maistre. Mélanges pour Jean-Louis Darcel.* Chambéry: Université de Savoie, 2006

MONTESQUIEU – *O espírito das leis.* 2.ª ed. São Paulo: Martins Fontes, 2000

PRANCHÈRE, Jean-Yves – La philosophie de Joseph de Maistre. In AAVV – *Révue des Études Maistriennes 13 – Joseph de Maistre: Actes du colloque de Chambéry.* Paris: Honoré Champion, 2001

REBOTTON, Jean – Les frères de Maistre et le berceau savoyard. In AAVV – *Révue des Études Maistriennes 13 – Joseph de Maistre: Actes du colloque de Chambéry.* Paris: Honoré Champion, 2001

ROUSSEAU, Jean-Jacques – *O Contrato Social.* 5.ª ed. Mem Martins: Publicações Europa-América, 2003

SORREL, Christian – Crises, résistances, renouveaux. La France catholique à l'heure de la Concordat de 1801. In KOHLHAUER, Michael (ed) – *Autour de Joseph et Xavier de Maistre. Mélanges pour Jean-Louis Darcel.* Chambéry: Université de Savoie, 2006

TRIOMPHE, Robert – *Joseph de Maistre. Étude sur la vie et sur la doctrine d'un matérialiste mystique.* Genebra: Librairie Droz, 1968

NOTAS À TRADUÇÃO

A tradução foi feita com recurso à edição crítica de Jean-Louis Darcel, editada em 1980 em Genebra pelas Edições Slatkine. Esta edição crítica segue o manuscrito original e a 3.ª edição (Paris, 1821), bem como um exemplar da 2.ª edição (Londres, Setembro de 1797), corrigido manuscritamente por Maistre. Na nossa tradução optámos por traduzir o texto estabelecido, sem introduzir as passagens do manuscrito excluídas por Joseph de Maistre das edições.

Optámos por manter a fidelidade possível ao texto original. Apesar da distância histórica e da diferença linguística, a base latina comum permite manter a presente tradução muito próxima do texto original, sem perder em legibilidade.

As *Considerações sobre a França* incluem referências gregas, latinas e italianas e numerosas referências históricas. Para as citações gregas e latinas, contámos com o apoio do Senhor Professor Doutor Padre Aires do Nascimento, que teve a grande amabilidade de rever a nossa tradução. A tradução das

84 | CONSIDERAÇÕES SOBRE A FRANÇA

citações italianas contou com a amiga revisão de Luisa Magnano.

Naturalmente, algumas das notas explicativas são semelhantes, ou incluem informação providenciada pelas anotações de Darcel à edição crítica. Nestes casos, o contributo de Darcel é sempre referido.

Os itálicos originais foram mantidos e as anotações de Joseph de Maistre são salientadas a negrito.

CONSIDERAÇÕES SOBRE A FRANÇA (1797)

Dasne igitur nobis, Deorum immortalium nutu,
ratione, potestate, mente, numine, sive quod est
aliud verbum quo planius significem quod volo,
naturam omnem divitus regi? Nam si hoc non
probas, a Deo nobis causa ordienda est potissimum.

Cic., *De Leg.*, I, 18[55]

[55] "Concordas, portanto, connosco, que é por disposição dos
deuses imortais (por razão, por poder, por inteligência, por
assentimento, ou por outra qualquer outra designação que melhor
exprima o que pretendo) que a natureza na sua globalidade é
divinamente governada? De facto, se não estás de acordo, a nossa
discussão deve começar precisamente por Deus."

86 | CONSIDERAÇÕES SOBRE A FRANÇA

Prefácio dos Editores[56]

O acaso fez cair nas nossas mãos o manuscrito da obra que vai ser lida. O seu autor é-nos desconhecido; mas sabemos que não é francês, como se perceberá pela leitura deste livro. Sem dúvida muitos estrangeiros, sobretudo na Alemanha, envolveram-se e envolvem-se ainda no juízo da revolução, das suas causas, actores e desenvolvimentos, de acordo com a leitura de alguns artigos. Não se deve confundir essas mixórdias com a obra engenhosa e instrutiva que publicamos.

Sem adoptar todas as opiniões do autor; mesmo sem aprovar algumas das suas ideias, que parecem aproximar-se do paradoxo; reconhecendo que o capítulo sobre a antiga Constituição Francesa, em particular, ressente-se demais da necessidade do autor de, à falta de conhecimentos suficientes, remeter-se às asserções de alguns escritores parciais, não se lhe disputará nem uma vasta erudição, nem a arte de a expor, nem princípios de incontestável verdade.

Pareceu-nos que este manuscrito, carregado de rasuras, não foi revisto pelo Autor, e que o seu trabalho está incompleto: daqui resultam algumas

---

[56] Constou apenas na edição de 1797. Joseph de Maistre retirou a Advertência dos Editores na edição de 1821.

negligências de estilo, algumas incoerências e uma precisão por vezes demasiado seca nalguns raciocínios demasiado afirmativos.

Mas estas imperfeições são compensadas pela originalidade do estilo, pela força e justeza das expressões, pelo número de excertos dignos dos melhores escritores, onde um espírito vasto se une a essa penetração viva e luminosa que, no meio do nevoeiro da polémica política, mostra novas vias e resultados.

Possa este trabalho ser meditado pelos franceses! Será para eles um melhor guia que esta metafísica subalterna, absorvida pelo momento presente, dispersa em análises quiméricas, e que julga conduzir ou predizer os acontecimentos, enquanto os acontecimentos a arrastam no seu decurso, sem que ela tenha mesmo o espírito para se aperceber.

CAPÍTULO I

Das revoluções

Todos estamos ligados ao trono do Ser Supremo por uma corrente flexível, que nos prende sem nos escravizar. O que existe de mais admirável na ordem universal das coisas é a acção dos seres livres sob a mão divina. Livremente escravos, eles operam em simultâneo, de forma voluntária e necessária: eles fazem realmente o que querem, mas sem poderem perturbar os planos gerais. Cada um destes seres ocupa o centro de uma esfera de actividade, cujo diâmetro varia segundo a vontade do *eterno geómetra*, que sabe esticar, restringir, parar ou dirigir a vontade, sem alterar a sua natureza.

Nas obras do homem, tudo é pobre como o autor; as vistas são curtas, os meios rígidos, as forças inflexíveis, os movimentos penosos e os resultados monótonos. Nas obras divinas, as riquezas do infinito desvendam-se até no menor elemento; o seu poder opera na acção: nas suas mãos, tudo é flexível, nada

90 | CONSIDERAÇÕES SOBRE A FRANÇA

resiste; para ele tudo é meio, mesmo o obstáculo: e as irregularidades produzidas pela acção dos agentes livres vêm integrar a ordem geral.

Se se imaginar um relógio no qual todas as molas variassem continuamente de força, peso, dimensão, forma e posição, e que, no entanto, mostrasse invariavelmente a hora, formar-se-ia alguma ideia da acção dos seres livres em relação aos planos do Criador.

No mundo político e moral, como no mundo físico, há uma ordem comum, e há excepções a esta ordem. Comummente, vemos uma sequência de efeitos produzidos pelas mesmas causas; mas em certas épocas, vemos acções suspensas, causas paralisadas e efeitos novos.

O milagre é um efeito produzido por uma causa divina ou sobre-humana, que suspende ou contradiz uma causa comum. Se, em pleno Inverno, um homem ordenar a uma árvore, perante mil testemunhas, que esta se cubra imediatamente de folhas e frutos, e se a árvore obedecer, todo o mundo gritará que é milagre, e se curvará perante o taumaturgo. Mas a Revolução francesa, e tudo o que se passa na Europa no momento presente, é tão maravilhoso no seu género como a frutificação de uma árvore no mês de Janeiro: porém os homens, em vez de se admirarem, olham noutra direcção ou deliram.

CAP. I – DAS REVOLUÇÕES | 91

Na ordem física, onde o homem não é uma causa, ele consente em admirar o que não compreende; mas na esfera da sua actividade, onde ele sente que é uma causa livre, o seu orgulho leva-o com facilidade a ver a desordem em todo o sítio onde a sua acção é suspensa ou perturbada.

Algumas limitações no poder do homem produzem regularmente certos efeitos no curso habitual das coisas; se não cumpre o seu objectivo, ele sabe porquê, ou julga sabê-lo; conhece os obstáculos, aprecia-os e nada o espanta.

Mas nos tempos das revoluções, a corrente que prende o homem encurta bruscamente, a sua acção diminui e os meios erram. Então, arrastado por uma força desconhecida, ele insurge-se contra ela e, em vez beijar a mão que o envolve, menospreza-a ou insulta-a.

Não percebo nada, é a grande frase do momento. Esta frase contém muito bom senso, se nos conduzir à causa primeira que apresenta neste momento aos homens um tão grande espectáculo: é um disparate, se exprimir apenas um despeito ou abatimento estéril.

"Como é possível, exclama-se de todo o lado, que os homens mais culpados do universo triunfem sobre o universo! Um regicídio hediondo tem todo o sucesso que poderiam esperar aqueles que o cometeram. A Monarquia está enfraquecida em toda a Europa! Os seus inimigos encontram aliados até

92 | CONSIDERAÇÕES SOBRE A FRANÇA

nos tronos[57]! Tudo sai bem aos malvados! Os projectos mais gigantescos são realizados por eles sem dificuldade[58], enquanto que o bom partido é infeliz e ridículo em tudo o que empreende[59]! A opinião pública condena a fidelidade em toda a Europa[60]! Os primeiros homens de Estado enganam-se invariavelmente! Os maiores generais são humilhados! etc."

Sem dúvida, porque a primeira condição de uma revolução decretada é que tudo aquilo que a poderia impedir não existe, e que nada é bem sucedido àqueles que a pretendem estorvar.

Mas jamais a ordem é mais visível, jamais a Providência é mais palpável, do que quando a acção

[57] Alusão aos tratados de Bâle, assinados entre a França revolucionária e a Prússia e Espanha, em que era reconhecida a República Francesa.

[58] Alusão aos sucessos militares dos revolucionários, como a campanha nos Alpes e no norte de Itália, que faziam desesperar os emigrados e realistas.

[59] Depois de 1793, os fracassos dos *complots* realistas e das insurreições contra a Convenção tinham tornado pouco provável a esperança da restauração da monarquia francesa – nomeadamente a restauração através das armas, após o desastre do desembarque das forças realistas em Quiberon.

[60] Alusão à expulsão, a partir de 1794, de muitos emigrados dos países europeus onde se haviam refugiado, por medo de represálias francesas.

CAP. I – DAS REVOLUÇÕES | 93

superior se substitui à do homem e age só: é o que assistimos neste momento.

O que existe de mais impressionante na Revolução francesa é esta força arrebatadora que faz curvar todos os obstáculos. O seu turbilhão arrasta como uma palha ligeira tudo aquilo que a força humana lhe soube opor: ninguém contraria a sua marcha impunemente. A pureza dos motivos pode tornar ilustre o obstáculo, mas é tudo; e esta força invejosa, caminhando invariavelmente para a sua finalidade, rejeita igualmente Charette, Dumouriez e Drouet[61]

Observou-se com muito razão que é a Revolução francesa que conduz os homens, mais do que os homens a conduzem a ela. Esta observação é da maior justiça e apesar de ser mais ou menos aplicável a todas as grandes revoluções, nunca foi no entanto tão impressionante como nesta época.

---

[61] François Athanase de Charette de la Contrie (1763-1796) foi um dos líderes da insurreição popular realista na Vendeia; Charles François du Périer, conhecido como Dumouriez, general francês que após a derrota decide negociar com o inimigo; Jean Baptiste Drouet (1763-1824) foi um político francês, envolvido na tentativa de golpe de estado de Babeuf. Darcel refere que os três nomes simbolizam três atitudes face à revolução: o realismo intransigente; a moderação e o extremismo revolucionário. Cf MAISTRE, Joseph de – *Considérations sur la France*. Ed. crítica de Jean-Louis Darcel. Genebra: Éditions Slatkine, 1980, pág. 66 [de agora em diante Cons. Sur la France].

94 | CONSIDERAÇÕES SOBRE A FRANÇA

Mesmo os celerados que parecem conduzir a revolução não participam nela senão como simples instrumentos; e logo que têm a pretensão de a dominar, caem ignominiosamente.

Aqueles que realizaram a revolução fizeram-no sem o querer e sem saber o que faziam; foram conduzidos pelos acontecimentos: um projecto anterior não teria sido bem sucedido.

Robespierre, Collot ou Barère jamais pensaram em estabelecer o governo revolucionário e o regime do Terror. Foram conduzidos a isso insensivelmente pelas circunstâncias, e jamais se verá algo de semelhante. Estes homens, excessivamente medíocres, exerceram sobre uma nação inteira o mais horripilante despotismo de que a história faz menção; e certamente eram em todo o reino os homens mais surpreendidos com o seu poder.

Mas, no mesmo momento em que estes tiranos detestáveis satisfizeram a medida de crimes necessários a essa fase da Revolução, um sopro tirou-os do poder[62]. O poder gigantesco que fazia tremer a França e a Europa não aguentou o primeiro ataque; e, como não devia haver nada de grande ou de augusto numa revolução criminosa, a Providência

[62] Referência ao golpe de estado do 9 Termidor (27 Julho de 1794), que pôs fim ao Terror.

CAP. I – DAS REVOLUÇÕES | 95

quis que o primeiro golpe fosse dado pelos *septembri-seurs*[63], de modo a que mesmo a justiça fosse infame[64].

Frequentemente, as pessoas espantaram-se que homens mais que medíocres tivessem julgado melhor a revolução francesa que os homens de maior talento; que eles tenham acreditado fortemente nela, enquanto políticos consumados ainda não acreditavam. É que esta persuasão era uma das peças da Revolução, que só podia ser bem sucedida pelo

---

[63] Nome atribuído aos autores dos massacres de Setembro de 1792. Na primeira manifestação do Terror revolucionário, a população de Paris, sobreexcitada e incitada por Marat, resolve tomar a justiça nas suas mãos, e, após um simulacro de julgamento, inicia o massacre, que durou 4 dias, de todos os prisioneiros das prisões parisienses, políticos e de delito comum. Os seus autores receberam como pagamento 24 libras por dia. Billaud-Varenne e Tallien, membros da Comuna, tiveram um papel preponderante nos massacres de Setembro; com Barras e Fouché, foram a alma do golpe contra Robespierre.

[64] **Pela mesma razão, a honra é desonrada. Um jornalista (A República) disse com muito espírito e acerto: "Percebo muito bem que se possa des-panteonizar Marat, mas nunca conceberei como se poderá des-maratizar o Panteão". Alguns queixaram-se de ver o corpo de Turenne esquecido num canto do Museu, ao lado de um esqueleto de animal: que imprudência! Chegou a fazer nascer a ideia de lançar no Panteão esses restos veneráveis.** (Nota de Joseph de Maistre).

96 | CONSIDERAÇÕES SOBRE A FRANÇA

alcance e energia do espírito revolucionário, ou, se é permitido assim exprimir, pela *fé* na revolução. Assim, os homens sem génio e sem conhecimentos conduziram muito bem aquilo a que chamavam o carro de assalto revolucionário; ousaram tudo, sem medo da contra-revolução; marcharam sempre para a frente, sem olhar para trás; e tudo lhes correu bem, porque foram instrumentos de uma força que sabia mais do que eles. Não fizeram erros na sua carreira revolucionária, da mesma forma que o flautista de Vaucanson[65] nunca deu notas falsas.

A torrente revolucionária tomou sucessivamente direcções diferentes; e os homens mais marcantes na revolução obtiveram essa espécie de poder e celebridade que lhes podia pertencer seguindo o correr do momento: assim que o tentaram contrariar, ou simplesmente afastar-se, isolando-se, trabalhando demasiado para eles próprios, desapareceram de cena.

Veja-se esse Mirabeau[66], que tanto marcou a revolução: no fundo, era *o rei do mercado*. Pelos crimes

---

[65] O flautista de Vaucanson, da autoria de Jacques Vaucanson, célebre autómato que tocava a flauta, soprando e mexendo os dedos.

[66] Honoré Gabriel de Riqueti (1749-1791), Conde de Mirabeau foi um nobre francês, apoiante da Revolução e deputado na Assembleia Nacional, defensor de uma Monarquia reformada,

CAP. I – DAS REVOLUÇÕES | 97

que cometeu, e que fez cometer através dos seus livros, ele secundou o movimento popular: juntou-se a uma massa já posta em movimento, e empurrou-a num sentido determinado; o seu poder nunca se estendeu além deste; partilhava com um outro herói da revolução[67] o poder de agitar a multidão sem ter o de a dominar, o que forma o verdadeiro cunho da mediocridade nos problemas políticos. Facciosos menos brilhantes mas, na realidade, mais hábeis e poderosos que ele, serviram-se da sua influência em proveito próprio. Ele clamava da tribuna, e era o palerma por eles escolhido. Dizia, morrendo, *que se tivesse vivido, teria reunido as peças dispersas da Monarquia*; mas assim que tivesse querido, no momento da sua maior influência, desempenhar essa função, os seus subalternos tê-lo-iam afastado como a uma criança.

que reconhecesse a soberania do povo e uma sociedade de cidadãos iguais perante a lei. Pela sua eloquência, foi apelidado *orador do povo*. Morreu em Paris a 2 de Abril de 1791 e o seu corpo foi colocado no Panteão Nacional; descobriu-se posteriormente que mantinha contactos secretos com a família real, visando a obtenção de um posto ministerial. A sua sepultura foi profanada e os seus restos espalhados nos esgotos de Paris.

[67] Segundo Darcel, Maistre refere-se ao Marquês de La Fayette, heroi da independência americana e personagem de destaque em França, que, com Mirabeau, tentou conciliar a monarquia e a Revolução. Cf Cons. Sur la France, pág. 67.

98 | CONSIDERAÇÕES SOBRE A FRANÇA

Enfim, quanto mais se examina as personagens aparentemente mais activas da Revolução, mais se encontra nelas algo de passivo e de mecânico. Não será demais repetir: não são os homens que conduzem a revolução, é a revolução que emprega os homens. Diz-se com muito acerto que *ela age sozinha*. Esta frase significa que jamais a Divindade se mostrou de uma maneira tão clara num acontecimento humano. Se emprega os mais vis instrumentos, é porque pune para regenerar.

CAPÍTULO II

Conjecturas sobre as vias da Providência na Revolução francesa

Cada nação, como cada indivíduo, recebeu uma missão que deve cumprir. A França exerce na Europa uma verdadeira magistratura, que seria inútil contestar, e da qual abusou da forma mais culpada. Estava sobretudo à cabeça do sistema religioso, e não é sem razão que o seu Rei era chamado *Cristianíssimo*: Bossuet nada disse de excessivo sobre este ponto. Ora, como se serviu da sua influência para contradizer a sua vocação e desmoralizar a Europa, não nos podemos espantar que a França seja chamada de volta à sua missão através de meios terríveis.

Há muito que não era vista uma punição tão assustadora, infligida a um tão grande número de culpados. Há inocentes, sem dúvida, entre os desgraçados, mas são muito menos do que aqueles que comummente se julga.

Todos aqueles que trabalharam para afastar o povo da sua crença religiosa; todos aqueles que opuseram sofismas metafísicos às leis da propriedade; todos

100 | CONSIDERAÇÕES SOBRE A FRANÇA

aqueles que disseram: *Feri, desde que tenhamos daí benefício*, todos aqueles que tocaram nas leis fundamentais do Estado; todos aqueles que aconselharam, aprovaram ou favoreceram as medidas violentas empregues contra o rei, etc; todos estes quiseram a Revolução, e todos aqueles que a quiseram foram muito justamente as suas vítimas, mesmo segundo as nossas vistas limitadas.

Lamentam-se de ver ilustres sábios cair sob o machado de Robespierre. Humanamente, não saberíamos lamentá-lo mais; mas a justiça divina não tem o menor respeito pelos geómetras e físicos. Demasiados sábios franceses[68] foram os principais autores da Revolução; demasiados sábios franceses a amaram e favoreceram, tanto que ela só abateu, como o bastão de Tarquínio, as cabeças dominantes. Eles diziam como tantos outros: *É impossível que se dê uma grande revolução sem trazer infortúnios*. Mas logo um filósofo se consola destas desgraças tendo em vista os resultados, logo diz no seu coração: *Que haja cem*

---

[68] Maistre refere-se aos filósofos iluministas, nomeadamente aos enciclopedistas. Na passagem que se segue, segundo Darcel, Maistre pensa claramente em Condorcet (1743-1794), matemático e filósofo iluminista francês, que da defesa da monarquia passou à apologia do republicanismo, tendo vindo a morrer assassinado, durante o Terror. Cf. Cons. Sur la France, pág. 70.

CAP. II – CONJECTURAS SOBRE AS VIAS DA PROVIDÊNCIA | 101

mil mortes, desde que sejamos livres; se a Providência lhe responde: *Aceito a tua aprovação, mas farás parte desse número*, onde está a injustiça? Julgaríamos nós de outra forma nos nossos tribunais?

Os detalhes são odiosos; mas há poucos franceses entre aqueles a quem se chama vítimas inocentes da Revolução, a quem as suas consciências não possam dizer:

> *Então, vendo os tristes frutos dos vossos erros,*
> *Reconhecei os golpes que haveis dado.*[69]

As nossas ideias sobre o bem e o mal, sobre o inocente e o culpado, são frequentemente alteradas pelos nossos preconceitos. Declaramos culpados e infames dois homens que lutam com um ferro com três polegadas de comprimento; mas se o ferro tem três pés, o combate torna-se honrado. Difamamos o que rouba um cêntimo do bolso do seu amigo; mas se lhe leva a mulher, não importa. Todos os crimes brilhantes que supõem o desenvolvimento de qualidades grandes ou amáveis, sobretudo todos aqueles que são coroados pelo sucesso, nós perdoamos, chegando mesmo a torná-los virtudes; pelo contrário,

---

[69] *Ephigénie*, de Racine (V, 2, 1611-1612). Cf. Cons. Sur la France, pág. 71.

as qualidades brilhantes que rodeiam o culpado tornam-no mais culpado aos olhos da verdadeira justiça, para a qual o maior crime é o abuso dos seus dons. Cada homem tem certos deveres a cumprir e a extensão desses deveres é relativa à sua posição na sociedade e à extensão das suas posses. Dificilmente a mesma acção é igualmente criminosa por parte de dois homens em concreto. Para não nos afastarmos do nosso objecto, um acto que não seria mais que um erro ou uma loucura da parte de um homem obscuro, revestido bruscamente de um poder ilimitado, poderia ser um crime grave da parte de um bispo ou de um duque e par do reino[70].

Enfim, há acções desculpáveis, louváveis mesmo segundo as visões humanas, e que são no fundo infinitamente criminosas. Se nos dissessem, por exemplo: *Abracei de boa fé a Revolução francesa, por um amor puro da liberdade e da minha pátria; acreditei, na minha alma e consciência, que ela conduziria à reforma dos abusos e à felicidade pública*; nada teremos a responder. Mas o olho para quem todos os corações são diáfanos,

---

[70] Segundo Darcel, Maistre refere-se a Talleyrand, ex-bispo de Autun que advogou a expropriação dos bens eclesiásticos e a constituição civil do clero, e ao Duque de Orléans, membro da família real francesa que defendeu a Revolução e que foi apelidado Philippe Egalité. Cf. Cons. Sur la France, pág. 71.

CAP. II – CONJECTURAS SOBRE AS VIAS DA PROVIDÊNCIA | 103

vê a fibra culpada; descobre, numa zanga ridícula, num pequeno estremecimento de orgulho, numa paixão baixa ou criminosa, o primeiro móbil destas resoluções, que se queria tornar ilustre aos olhos dos homens; e para ele a mentira da hipocrisia, introduzida na traição, é mais um crime. Mas falemos da Nação em geral.

Um dos maiores crimes que se pode cometer é sem dúvida o atentado contra a soberania, não tendo nenhum outro crime uma continuação mais terrível. Se a soberania reside numa cabeça, e essa cabeça cai vítima de atentado, o crime aumenta de atrocidade. Mas se o Soberano não mereceu a sua sorte por nenhum crime; se até as suas virtudes armaram contra si as mãos dos culpados, o crime não tem nome. Nestes traços se reconhece a morte de Luís XVI; mas o que é mais importante salientar, é que jamais um crime tão grande teve tantos cúmplices. A morte de Carlos I[71] teve muito menos, e no entanto era possível fazer-lhe críticas que Luís XVI não mereceria. No entanto, foram-lhe feitas provas

---

[71] Rei de Inglaterra, cujas acções contrárias à constituição tradicional inglesa despoletaram a Guerra Civil inglesa. Morreu decapitado na segunda Guerra Civil (1648-49), tendo sido sucedido pela República liderada por Cromwell.

104 | CONSIDERAÇÕES SOBRE A FRANÇA

do interesse mais terno e corajoso: mesmo o seu carrasco, que não fazia senão obedecer, não ousou fazer-se conhecer. Em França, Luís XVI caminhou para a morte no meio de 60.000 homens armados, que não tiveram um golpe de fuzil para o Santerre[72]: nem uma voz se ergueu pelo desgraçado monarca e as províncias estiveram tão mudas como a capital. *Termo-nos-íamos exposto*, dizia-se. Franceses! Se achais esta razão válida, não faleis tanto da vossa coragem, ou concordai que a empregais muito mal.

A indiferença do exército não foi menos de nota. Serviu os carrascos de Luís XVI muito melhor que o tinha servido a ele, porque o tinha traído. Não se viu da sua parte o menor sinal de descontentamento. Enfim, jamais um crime maior pertenceu (em verdade, com um grande número de gradações) a um maior número de culpados.

É necessária ainda uma observação importante: é que todo o atentado cometido contra a soberania, *em nome da Nação*, é sempre, mais ou menos, um crime nacional; porque é sempre mais ou menos culpa da Nação que um número qualquer de facciosos tenha empreendido cometer um crime em seu nome. Assim, sem dúvida que nem todos os

---

[72] Antoine Joseph Santerre era comandante da Guarda Nacional de Paris, que escoltou Luís XVI até ao cadafalso.

CAP. II – CONJECTURAS SOBRE AS VIAS DA PROVIDÊNCIA | 105

franceses quiseram a morte de Luís XVI; mas a imensa maioria do povo quis, durante mais de dois anos, todas as loucuras, todas as injustiças, todos os atentados que levaram à catástrofe de 21 de Janeiro. Ora, todos os crimes contra a soberania são punidos sem demora e de forma terrível. É uma lei que nunca sofreu excepção. Poucos dias após a execução de Luís XVI, alguém escrevia no *Mercure Universel*[73]: *Talvez não tivesse sido necessário chegar até aquele extremo: mas uma vez que os nossos legisladores tomaram o acontecimento sob a sua responsabilidade, juntemo-nos em seu apoio: apaguemos todos os ódios, e que estes não se tornem novamente um problema.* Muito bem: talvez não fosse necessário matar o Rei, mas já que a coisa está feita, não falemos mais do assunto e sejamos todos bons amigos. Ó demência! Shakespeare não sabia o suficiente quando dizia: *A vida de cada indivíduo é preciosa para si próprio mas a vida de que dependem tantas vidas, a dos soberanos, é preciosa para todos. Um crime faz desaparecer a majestade real? No local que ocupava forma-se um abismo medonho, e tudo o que o envolvia precipita-se nele*[74]. Cada gota do sangue de Luís XVI custará rios de sangue

[73] Segundo Darcel, o título exacto do jornal era *Moniteur universel*. Cf. Cons. Sur la France, pág. 73.

[74] **Hamlet, acto 3, cena 8** (nota de Joseph de Maistre). Na realidade, como refere Darcel, trata-se da cena 14; Maistre cita de memória e de forma livre. Cf. Cons. Sur la France, pág. 74.

106 | CONSIDERAÇÕES SOBRE A FRANÇA

à França; quatro milhões de franceses, talvez, pagarão com as suas cabeças o grande crime nacional de uma insurreição anti-religiosa e anti-social, coroada por um regicídio.

Onde estão os primeiros guardas nacionais, os primeiros soldados, os primeiros generais, que prestaram um juramento à Nação? Onde estão os chefes, os ídolos desta primeira assembleia tão culpada, para a qual o epíteto de *constituinte* será um eterno epigrama? Onde está Mirabeau? Onde está Bailly[75] com o seu *belo dia*? Onde está Thouret[76], que inventou a palavra *expropriar*? Onde está Osselin[77], o relator

[75] Jean Sylvain Bailly (1736-1793) foi o primeiro presidente da Assembleia Nacional e foi presidente da câmara (*maire*) de Paris entre 1791 e 1793. Foi guilhotinado a 12 de Novembro de 1793, durante o Terror. Chamou *belo dia* à invasão do palácio de Versalhes pela população de Paris, que obrigou a família real a instalar-se nas Tulherias.

[76] Guillaume Thouret (1746-1794) advogado de Rouen, defendeu a venda dos bens do clero, sustentando que deveriam ser consideradas propriedades nacionais. Morreu executado a 22 de Abril de 1794.

[77] Charles-Nicolas Osselin (1752-1794), advogado, foi deputado em Paris na Convenção. Em 1793, fez aprovar uma lei contra os emigrados, que decretava a sua morte civil. Fez parte do Comité de Salvação Pública, mas quando se descobriu que tinhá salvo uma das prisioneiras do Tribunal revolucionário, fazendo dela sua amante, foi condenado à morte e executado em 24 Junho de 1794.

CAP. II – CONJECTURAS SOBRE AS VIAS DA PROVIDÊNCIA | 107

da primeira lei que proscrevia os emigrados? Nomearíamos aos milhares os instrumentos activos da Revolução que pereceram de morte violenta.

É ainda aqui que podemos admirar a ordem na desordem; porque permanece evidente, por pouco que se reflicta, que os grandes culpados da Revolução não poderiam senão perecer sob os golpes dos seus cúmplices. Se a força apenas tivesse operado aquilo a que se chama contra-revolução, e tivesse recolocado o Rei sobre o trono, não haveria forma de fazer justiça. A maior desgraça que poderia cair sobre um homem sensível seria ter de julgar o assassino do seu pai, do seu parente, do seu amigo, ou até apenas o usurpador dos seus bens. Ora seria justamente o que teria acontecido no caso de uma contrarevolução, tal como a entendemos; porque os juízes superiores, pela natureza apenas das coisas, seriam todos pertencentes à mesma casta[78] ofendida; e a justiça, mesmo que apenas punisse, teria tido o ar de se vingar. Aliás, a autoridade legítima guarda sempre uma certa moderação na punição dos crimes que têm uma multidão de cúmplices. Quando envia cinco ou seis culpados para a morte pelo mesmo

[78] Segundo Darcel, este é o termo empregue no manuscrito; nas edições de 1797 a 1821 lia-se *classe*. Cf. Cons. Sur la France, pág. 74.

108 | CONSIDERAÇÕES SOBRE A FRANÇA

crime, é um massacre: se ultrapassa determinados limites, torna-se odiosa. Porém, os grandes crimes exigem infelizmente grandes suplícios, e, neste género, é ajuizado ultrapassar os limites quando se trata de crimes de lesa-Majestade e a adulação se torna carrasco. A Humanidade ainda não perdoou à antiga legislação francesa o horroroso suplício de Damiens[79]. O que teriam então feito os magistrados franceses com trezentos ou quatrocentos Damiens e com todos os monstros que cobriam a França? O gládio sagrado da justiça cairia sem descanso, como a guilhotina de Robespierre? Ter-se-ia convocado a Paris todos os carrascos do reino e todos os cavalos de artilharia para esquartejar os homens? Ter-se-iam dissolvido

---

[79] *Avertere omnes à tantà foedita spectaculi óculos. Promum ultimumque illud supplicium apud Romanos exempli parum memoris legum humanarum fuit*, **Ti.-Liv., I, 28, de suppl. Mettii. (nota de Joseph de Maistre)**. "Todos afastavam os olhos de um espectáculo tão horripilante. Em Roma, foi esse o primeiro e último suplício de um género de que, a título de exemplo, deixavam um pouco esquecidas as leis de humanidade."

A citação latina refere-se ao caso em que Métio Fufécio executou um traidor da pátria, fazendo despedaçar o corpo do condenado por duas parelhas de cavalos que puxavam em sentido contrário. Maistre refere-se no texto a Damiens, um louco que tentou assassinar Luís XV, e foi sujeito a uma terrível tortura e execução.

CAP. II – CONJECTURAS SOBRE AS VIAS DA PROVIDÊNCIA | 109

em grandes caldeirões o chumbo e a pez para regar os membros despedaçados pelas tenazes incandescentes? Além disso, como caracterizar os diferentes crimes? Como graduar os suplícios? E sobretudo como punir sem leis? *Ter-se-ia escolhido*, diriam, *alguns grandes culpados, e todos os outros obteriam mercê.* É precisamente o que a Providência não queria. E como ela pode tudo o que quer, ignora as mercês produzidas pela impossibilidade de punir. Era preciso que a grande depuração se realizasse, e que os olhares se impressionassem; era preciso que o metal francês, liberto das escórias ácidas e impuras, se tornasse mais limpo e mais maleável entre as mãos do futuro Rei. Sem dúvida, a Providência não tem necessidade de punir no tempo presente para justificar as suas vias; mas nesta época ela coloca-se ao nosso alcance e pune como um tribunal humano.

Houve nações condenadas à morte segundo a lei, como indivíduos culpados, e nós sabemos porquê[80]. Se entrasse nos desígnios de Deus revelar-nos os seus planos em relação à revolução francesa, leríamos no castigo dos franceses o decreto dum parlamento.

---

[80] **Lev., 18, 24 e seguintes; 20, 23 – Dt 18, 9 e seguintes – 1Rs 15, 26; 2Rs17, 7 e seguintes e 21, 2 – Heródoto lib. II, 46, e a nota de M. Larcher neste passo.** (nota de Joseph de Maistre). Referência a várias passagens bíblicas, que aludem ao castigo de uma nação pelos seus actos contrários à natureza.

— Mas que saberíamos nós a mais? Este castigo não é visível? Não vimos já a França desonrada por mais de cem mil mortos? O solo inteiro deste belo reino coberto de cadafalsos? E esta desgraçada terra embebida com o sangue das suas crianças pelos massacres judiciais, enquanto tiranos desumanos o prodigalizavam no exterior para sustentar uma guerra cruel, mantida pelo seu próprio interesse? Jamais o déspota mais sanguinário jogou com a vida dos homens com tanta insolência, e jamais um povo passivo se apresentou no matadouro com mais complacência. O ferro e o fogo, o frio e a fome, as privações, os sofrimentos de toda a espécie, nada o revolta contra o seu suplício; tudo o que é fiel deve cumprir o seu destino: não se verá desobediência até que o julgamento esteja completo.

E, no entanto, nesta guerra tão cruel, tão desastrosa, existem tantos pontos de vista interessantes! E como se passa sucessivamente da tristeza à admiração! Transportemo-nos à época mais terrível da Revolução; suponhamos que, sob o governo do infernal Comité, o exército, por uma metamorfose súbita, se torna de repente realista; suponhamos que ele convoca para o seu lado assembleias primárias, e que nomeia livremente os homens mais esclarecidos e mais estimáveis para lhe traçar o caminho que deve seguir nesta ocasião difícil; suponhamos, enfim, que um destes eleitos do exército se levanta e diz:

CAP. II – CONJECTURAS SOBRE AS VIAS DA PROVIDÊNCIA | 111

"Bravos e fiéis guerreiros, há circunstâncias em que toda a sabedoria humana se reduz a escolher entre diferentes males. É difícil combater pelo Comité de Salvação Pública; mas haveria algo ainda mais fatal, que seria virar as nossas armas contra ele. No mesmo instante em que o exército se misturasse com a política, o Estado seria dissolvido; e os inimigos da França, aproveitando o momento de dissolução, invadi-la-iam e dividi-la-iam. Não é para este momento que devemos agir, mas para a continuidade dos tempos: trata-se sobretudo de manter a integridade da França, e não o podemos fazer senão combatendo pelo governo; porque desta forma a França, apesar das suas divisões internas, conservará a sua força militar e a sua influência externa. Sejamos claros: não é de todo pelo governo que combatemos, mas pela França e pelo futuro Rei, que nos deverá um Império maior, talvez, do que o encontrou a Revolução. É portanto para nós um dever vencer a repugnância que nos faz hesitar. Os nossos contemporâneos talvez caluniem a nossa conduta; mas a posteridade far-lhe-á justiça."

Este homem teria falado como um grande filósofo. Pois bem, esta hipótese quimérica foi tornada realidade pelo exército, sem saber o que fazia; e o Terror por um lado, a imoralidade e a extravagância pelo outro, fizeram precisamente o que a prudência consumada e quase profética teria aconselhado ao exército.

112 | CONSIDERAÇÕES SOBRE A FRANÇA

Reflectindo sobre o assunto, ver-se-á que uma vez estabelecido o movimento revolucionário a França e a Monarquia só poderiam ser salvas pelo jacobinismo.

O Rei nunca teve aliados; e é um facto tão evidente que não há qualquer imprudência em enunciá-lo, que a coligação queria mal à integridade da França. Presentemente, como resistir à coligação? Através de que meio sobrenatural quebrar o esforço da Europa conjurada? Só o génio infernal de Robespierre poderia operar este prodígio. O governo revolucionário endureceu a alma dos franceses temperando-a em sangue; exacerbou o espírito dos soldados e duplicou as suas forças pelo desespero feroz e por um desprezo pela própria vida que se aproxima da raiva. O horror dos cadafalsos, empurrando o cidadão até às fronteiras, alimentava a força exterior à medida que ela se enfraquecia até à menor resistência no interior. Todas as vidas, todas as riquezas, todos os poderes estavam nas mãos do poder revolucionário; e este monstro poderoso, ébrio de sangue e de sucesso, fenómeno assustador nunca visto, e que, sem dúvida, nunca se tornará a ver, era simultaneamente um terrível castigo para os franceses e o único meio de salvar a França.

O que pediam os realistas, quando exigiam uma contra-revolução tal como a imaginavam, isto é, feita bruscamente e pela força? Eles exigiam a conquista da França; eles pediam a sua divisão, o enfraqueci-

CAP. II – CONJECTURAS SOBRE AS VIAS DA PROVIDÊNCIA | 113

mento da sua influência e o aviltamento do seu Rei; isto é, massacres que durariam três séculos, talvez: consequência infalível de uma tal ruptura do equilíbrio. Mas os nossos descendentes, que se preocuparão pouco com os nossos sofrimentos e dançarão sobre os nossos túmulos, rirão da nossa ignorância actual. Consolar-se-ão facilmente dos excessos a que assistimos e que terão conservado a integridade *do mais belo Reino depois do Céu*[81].

Todos os monstros que a Revolução criou não trabalharam, aparentemente, senão para o Reino. Através deles, o esplendor das vitórias forçou a admiração do universo e envolveu o nome francês de uma glória que os crimes da revolução não puderam despojar inteiramente; através deles, o Rei tornará a subir ao trono com todo o seu esplendor e o seu poder, talvez mesmo com um poder acrescido. E quem sabe se, em vez de oferecer miseravelmente algumas das suas províncias para poder reinar sobre as outras, ele não as entregará talvez, com o orgulho do poder que dá aquilo que pode conservar? Certamente já vimos acontecer coisas menos prováveis[82].

---

[81] **Grotius, *De jure belli; Epist. Ad Ludovicum*, XIII.** (nota de Joseph de Maistre).

[82] Maistre referia-se com certeza à sua terra natal, a Sabóia, conquistada pelas tropas revolucionárias, sugerindo que a sua independência poderia resultar no futuro de uma benesse real.

114 | CONSIDERAÇÕES SOBRE A FRANÇA

Esta mesma ideia, de que tudo se faz para vantagem da Monarquia francesa, convence-me de que toda a revolução realista é impossível antes da paz: porque o restabelecimento da Monarquia iria paralisar subitamente todos os recursos do Estado. A magia negra que opera neste momento desapareceria como o nevoeiro perante o sol. A bondade, a clemência, a justiça e todas as virtudes doces e agradáveis, reapareceriam de repente, e trariam com elas uma certa doçura geral nos caracteres, uma certa alegria completamente contrária ao rigor sombrio do poder revolucionário. Mais requisições, mais roubos disfarçados, mais violências. Os generais, precedidos de uma bandeira branca, teriam chamado *revoltosos* aos habitantes dos países invadidos que se defendessem legitimamente? E ter-lhes-iam ordenado que não se revoltassem, sob pena de serem fuzilados como rebeldes? Estes horrores, muito úteis para o futuro Rei, não poderiam porém ser empregues por ele; ele não teria senão os meios *humanos*. Ele estaria em posição igual à dos seus inimigos; e o que sucederia no momento de suspensão que necessariamente acompanha a passagem de um governo para o outro? Não sei bem. Sinto que as grandes conquistas dos franceses parecem garantir a integridade do reino (creio mesmo tocar aqui a razão destas conquistas). Porém, parece mais vantajoso para a França e para a Monarquia, que a paz, e que uma paz gloriosa para

CAP. II – CONJECTURAS SOBRE AS VIAS DA PROVIDÊNCIA | 115

os franceses, se faça pela República; e que, no momento que o Rei tornar a subir ao trono, uma paz profunda afaste dele qualquer tipo de perigo.

Por outro lado, é visível que uma revolução brusca, longe de curar o povo, teria confirmado os seus erros; e que ele não perdoaria ao poder tê-lo arrancado das suas quimeras. Como era do povo propriamente dito, da multidão, que os facciosos tinham necessidade para virar a França do avesso, é claro que, em geral, eles deviam poupá-lo, e que as grandes humilhações deveriam cair sobre a classe desafogada. Era pois preciso que o poder usurpador pesasse bastante tempo sobre o povo para o fartar dele. O povo só via a Revolução; era necessário que ele a sentisse, que, por assim dizer, saboreasse as suas amargas consequências. Talvez, mesmo no momento em que escrevo, a experiência ainda não tenha sido suficiente.

Devendo, além disso, a reacção ser igual à acção, não tenhais pressa, homens impacientes, e pensai que mesmo a duração dos males vos anuncia uma contra-revolução de que não fazeis ideia. Acalmai os vossos ressentimentos, sobretudo não vos queixeis dos Reis, e não exijais mais milagres que aqueles que já vedes. Quê! Esperais que as potências estrangeiras combatam filosoficamente para restaurar o trono de França sem nenhuma esperança de indemnização? Mas então quereis que o homem não seja homem: quereis o impossível. Vós consentiríeis, talvez digais, no desmembramento de França para restabelecer a ordem:

116 | CONSIDERAÇÕES SOBRE A FRANÇA

mas sabeis vós o que é a ordem? É aquilo que veremos em dez anos, talvez mais cedo, talvez mais tarde. Porque julgais ter o direito de estipular o que quer que seja para o rei, para a Monarquia francesa e para a vossa posteridade? Quando cegos facciosos decretam a indivisibilidade da República, vede antes a Providência a declarar a indivisibilidade do reino.

Lancemos agora uma vista de olhos sobre a inaudita perseguição excitada contra o culto nacional e os seus ministros: é uma das mais interessantes *faces* da revolução.

Não se poderá negar que o sacerdócio em França tinha necessidade de ser regenerado; e apesar de estar longe de adoptar as declarações grosseiras sobre o clero, não me parece menos incontestável que as riquezas, os luxos e a propensão geral dos espíritos para o relaxamento, tinham feito declinar este grande corpo; e que era possível encontrar frequentemente sob as vestes sacerdotais um cavaleiro, em vez de um apóstolo; e que, enfim, nos termos que precederam imediatamente a Revolução, o clero tinha decaído, quase tanto como o exército, da posição que tinha ocupado outrora na opinião geral.

O primeiro golpe contra a Igreja foi a invasão das suas propriedades[83], o segundo foi o juramento

---

[83] Desde o início que a Revolução mostrou hostilidade contra a Igreja Católica. A 4 de Agosto foi extinta a dízima e abolidos

CAP. II – CONJECTURAS SOBRE AS VIAS DA PROVIDÊNCIA | 117

constitucional[84]: e estas duas operações tirânicas começaram a regeneração. O juramento joeirou os sacerdotes, se me é permitido assim expressar-me. Todo aquele que o prestou, com poucas excepções, de que não é preciso ocuparmo-nos, foi conduzido grau a grau no abismo do crime e do opróbrio: a opinião geral fala unanimemente sobre estes apóstatas.

Os sacerdotes fiéis, recomendados a esta mesma opinião por um primeiro acto de firmeza, tornaram-se mais ilustres pela intrepidez com que souberam enfrentar os sofrimentos e mesmo a morte em defesa da sua fé. O massacre dos Carmelitas é comparável a tudo o que a história eclesiástica oferece de mais belo neste género.

A tirania que os afasta aos milhares da sua pátria, contra toda a justiça e todo o pudor, foi sem dúvida o que se pode imaginar de mais revoltante; mas neste ponto, como sobre todos os outros, os crimes dos tiranos da França tornaram-se os instrumentos

os privilégios; a 2 de Novembro os bens do clero são postos à disposição da nação.

[84] O juramento de fidelidade à nação, à constituinte e ao Rei foi votada a 26 de Novembro de 1790, no seguimento da declaração da constituição civil do clero. Este juramento deveria ser feito em público, após a missa, perante a comunidade, que deveria ajuizar da sua validade. Oito meses mais tarde, a constituição civil e o juramento constitucional foram condenados pelo Papa Pio VI.

118 | CONSIDERAÇÕES SOBRE A FRANÇA

da Providência. Era provavelmente preciso que os padres franceses fossem mostrados às nações estrangeiras; eles viveram em nações protestantes, e esta aproximação diminuiu muito os ódios e os preconceitos. A considerável emigração do clero, e em particular dos bispos franceses, para Inglaterra parece-me um momento notável. Seguramente, ter-se--ão pronunciado palavras de paz. Seguramente, ter--se-ão formulado projectos de aproximação durante esta reunião extraordinária. Se não se fez nada mais senão desejar algo em conjunto, já se fez muito. Se os cristãos se aproximarem, como tudo a isso os convida, parece que essa moção deve partir da Igreja de Inglaterra. O presbiterianismo foi uma criação francesa, e por consequência uma obra exagerada. Estamos demasiado afastados dos sectários de um culto muito pouco consistente: não há forma de nos entendermos. Mas a Igreja Anglicana, que nos toca com uma mão, toca com a outra aquilo que não podemos tocar. E apesar de, num certo sentido, ela ser um alvo dos dois partidos, e apresentar o espectáculo um pouco ridículo do revoltado que prega a obediência, ela é no entanto muito preciosa sob outros aspectos e pode ser considerada como um destes meios químicos, capazes de aproximar elementos insociáveis nas suas naturezas.

Estando dispersos os bens do clero, nenhum motivo desprezível lhe pode dar novos membros

CAP. II – CONJECTURAS SOBRE AS VIAS DA PROVIDÊNCIA | 119

durante muito tempo; de forma que todas as circunstâncias concorrem à restauração deste corpo. Há espaço para crer, além disso, que a contemplação da obra de que o clero parece encarregado lhe dará um grau de exaltação que eleva o homem acima de si próprio e o coloca em estado de produzir grandes coisas.

Juntai a estas circunstâncias a fermentação dos espíritos em certas regiões da Europa, as ideias apaixonadas de alguns homens notáveis e esta espécie de inquietude que afecta os caracteres religiosos, sobretudo nos países protestantes, e que os conduz a caminhos extraordinários.

Vede, ao mesmo tempo, a tempestade que troa sobre Itália; Roma ameaçada ao mesmo tempo que Genebra pela potência que não quer nenhum culto, e a supremacia da religião nacional abolida na Holanda por um decreto da convenção nacional. Se a Providência apaga, é sem dúvida para escrever.

Observo ainda que, logo que as grandes crenças se estabeleceram no mundo, foram favorecidas por grandes conquistas, pela formação de grandes soberanias; percebe-se a razão.

Enfim, o que deve suceder nesta época em que vivemos, destas combinações extraordinárias que enganaram toda a prudência humana? Na verdade, estar-se-ia tentado a acreditar que a revolução política é apenas um objecto secundário do grande plano

120 | CONSIDERAÇÕES SOBRE A FRANÇA

que se desenrola perante nós com uma terrível majestade.

Começando, falei desta magistratura que França exerce sobre o resto da Europa. A Providência, que proporciona sempre os meios para o fim, e que dá às nações, como aos indivíduos, os órgãos necessários para o cumprimento do seu destino, deu precisamente à nação francesa dois instrumentos, dois braços, por assim dizer, com os quais ela revolve o mundo: a sua língua e o seu espírito de proselitismo, que formam a essência do seu carácter; de modo que ela tem constantemente a necessidade e o poder de influenciar os homens.

O poderio, quase disse, a monarquia da língua francesa, é visível: pode-se quanto muito fazer de conta que se duvida. Quanto ao espírito de proselitismo, é conhecido como o sol: desde a moda até à filosofia, é a parte mais saliente do carácter nacional.

Este proselitismo passa comummente por ridículo, e realmente merece frequentemente esse nome, sobretudo pelas formas que assume: no fundo, porém, é uma *função*.

Ora, é uma lei eterna do mundo moral que toda a função produz um dever. A Igreja Galicana era uma pedra angular do edifício católico ou, para melhor dizer, cristão; porque, na verdade, existe apenas um edifício. As igrejas inimigas da igreja universal subsistem apenas graças a esta, apesar de

CAP. II – CONJECTURAS SOBRE AS VIAS DA PROVIDÊNCIA | 121

talvez não o suspeitarem; são semelhantes a plantas parasitas, aos viscos estéreis que vivem apenas da substância da árvore que os suporta e que eles empobrecem.

Daqui vem que sendo a reacção entre as potências opostas igual à acção, os maiores esforços da deusa Razão contra o cristianismo se fizeram em França: o inimigo atacava a cidadela.

O clero de França não deve deixar-se adormecer; ele tem mil razões para crer que é chamado a uma grande missão; e as mesmas conjecturas que o deixam perceber porque sofreu, permitem-lhe também crer-se destinado a uma obra essencial.

Numa palavra, se não se faz uma revolução moral na Europa, se o espírito religioso não se reforça nesta parte do mundo, o laço social será dissolvido. Não se pode adivinhar nada e é preciso esperar tudo. Mas se se fizer uma mudança feliz neste ponto, das duas uma: ou é o fim das analogias, das induções e da arte de conjectura, ou é a França que é chamada a produzir a revolução moral.

É sobretudo isto o que me faz pensar que a Revolução francesa é uma grande época e que as suas consequências, em todos os géneros, se farão sentir muito além do tempo da sua explosão e muito além dos limites do seu centro.

Se se considerar a revolução nas suas relações políticas, confirma-se a mesma opinião. Como as

122 | CONSIDERAÇÕES SOBRE A FRANÇA

potências europeias se enganaram sobre França! Como elas *meditaram em coisas vãs!* Oh, vós que vos julgais independentes, porque não tendes juízes sobre a terra, não digais jamais: Isto convém-me; DISCITE JUSTITIAM MONITI[85]! Que mão, ao mesmo tempo severa e paternal, esmagou a França com todos os flagelos imagináveis, e salvaguardou o império por meios sobrenaturais, virando todos os esforços dos seus inimigos contra os próprios? Que não nos venham falar dos *assignats*[86], da força do número, etc; porque a possibilidade dos *assignats* e da força do número está precisamente fora do alcance da natureza. Além disso, não é pelo papel-moeda nem pela vantagem do número, que os ventos impelem os navios de guerra franceses e repelem os dos seus inimigos, que o Inverno lhes faz pontes de gelo no momento em que necessitam, que os soberanos que os embaraçam morrem no momento

[85] "Aprendei a justiça, ao menos quando avisados."

[86] Notas de crédito emitidas em França entre 1789 e 1796, que não eram conversíveis em moeda, mas antes reembolsáveis sobre o produto da venda dos bens nacionalizados, sendo a moeda preferencial para a aquisição destes bens; tornaram-se mais tarde papel-moeda corrente, mas sofreram uma constante desvalorização. Constituíram uma importante iniciativa da Assembleia Constituinte para financiar as campanhas militares e evitar a bancarrota do país.

CAP. II – CONJECTURAS SOBRE AS VIAS DA PROVIDÊNCIA | 123

certo, que invadem Itália sem canhões, e que as tropas, que são de reputação as mais corajosas do universo, rejeitam as armas em igualdade numérica e passam para o seu jugo.

Lede as belas reflexões do Senhor Dumas sobre a actual guerra; aí vereis perfeitamente *porquê*, mas nunca *como*, ela tomou o carácter que vemos. É preciso voltar sempre ao Comité de Salvação Pública, que foi um milagre e cujo espírito ganha ainda batalhas.

Enfim, o castigo dos *franceses* sai de todas as regras vulgares, e a protecção dada *à França* também; mas estes dois prodígios reunidos multiplicam-se um pelo outro, e apresentam um dos espectáculos mais singulares que o olho humano jamais contemplou.

À medida que os acontecimentos se desencadeiam, ver-se-ão outras razões e outros proveitos mais admiráveis. Eu não vejo, aliás, senão uma parte daqueles que um olhar mais perspicaz poderia descobrir neste momento.

A horrível efusão de sangue humano ocasionado por esta grande comoção é um meio terrível; no entanto, é um meio assim como uma punição e pode dar lugar a interessantes reflexões.

CAPÍTULO III

Da destruição violenta da espécie humana

Infelizmente, não falava sem razão aquele rei Daomé, no interior de África, que dizia, não há muito tempo, a um inglês: *Deus fez este mundo para a guerra; todos os reinos, grandes e pequenos, praticaram-na em todos os tempos, mesmo que por diferentes causas*[87]. A história prova infelizmente que a guerra é o estado habitual do género humano, num certo sentido; quer dizer, o sangue deve correr sem interrupção no globo, aqui ou ali, e a paz, para cada nação, é apenas um pequeno descanso.

Cita-se o encerramento do templo de Janus, sob Augusto; cita-se um ano do reinado guerreiro de Carlos Magno (ano 790) em que ele não esteve a guerra[88]. Cita-se uma curta época depois da paz de

---

[87] **The history of Dahomey, by Archibald Dalzel, Biblioth. Brit., Maio 1796, vol. 2, n.º 1, p. 87.** (nota de Joseph de Maistre).

[88] **Histoire de Charlemagne, par M. Gaillard, t. II, livre I, chap. V.** (nota de Joseph de Maistre).

126 | CONSIDERAÇÕES SOBRE A FRANÇA

Ryswick, em 1697, e um outra igualmente curta depois da Paz de Carlowitz, em 1699, em que não houve nenhuma guerra, não só em toda a Europa, mas mesmo em todo o mundo. Mas estas épocas são apenas momentos. De resto, quem pode saber o que se passa no mundo inteiro nesta ou naquela época?

O século que acaba começou, para a França, com uma guerra cruel que só terminou em 1714 com o tratado de Rastadt. Em 1719, França declara guerra a Espanha; o tratado de Paris põe-lhe fim em 1727. A eleição do Rei da Polónia reacendeu a guerra em 1733; a paz fez-se em 1736. Quatro anos mais tarde, a terrível guerra da sucessão austríaca reacendeu e durou sem interrupção até 1748. Oito anos de paz começaram a cicatrizar as feridas de oito anos de guerra, até que a ambição de Inglaterra forçou a França a tomar armas. A guerra dos Sete Anos é sobejamente conhecida. Após quinze anos de repouso, a revolução americana levou de novo a França a uma guerra cujas consequências a sabedoria humana podia prever. Assina-se a paz em 1782; sete anos mais tarde a revolução começa: ela dura ainda; e neste momento talvez já tenha custado mais de três milhões de homens a França.

Assim, considerando apenas a França, eis quarenta anos de guerra sobre noventa e seis. Se outras nações foram mais felizes, outras foram-no muito menos.

CAP. III – DA DESTRUIÇÃO VIOLENTA DA ESPÉCIE HUMANA | 127

Mas não é suficiente considerar um ponto no tempo e no globo; é preciso dar uma vista de olhos rápida sobre esta longa sucessão de massacres que mancha todas as páginas da história. Veremos a guerra causar estragos sem interrupção, como uma febre contínua marcada por inumeráveis recrudescimentos. Peço ao leitor que siga este quadro desde o declínio da República romana.

Caio Mário extermina, numa batalha, duas centenas de milhares de Cimbros e Teutões. Mitrídates faz degolar oitenta mil romanos: Sila mata-lhe noventa mil homens num combate iniciado na Beócia, onde ele próprio perde dez mil. Cedo se vêem as guerras civis e as proscrições. César, só, faz morrer um milhão de homens no campo de batalha (antes dele já Alexandre tinha tido esta funesta honra). Augusto fecha momentaneamente o templo de Janus; mas abre-o durante séculos, instituindo um império electivo. Alguns príncipes bons deixam respirar o Estado, mas a guerra não pára nunca e sob o império do *bom* Tito, seiscentos mil homens morrem no cerco de Jerusalém. A destruição dos homens operada pelas armas dos Romanos é verdadeiramente assustadora[89]. O Baixo Império apresenta uma sucessão de

---

[89] **Montesquieu, *Esprit des Lois*, livro XXIII, cap. XIX.** (nota de Joseph de Maistre).

128 | CONSIDERAÇÕES SOBRE A FRANÇA

massacres. Começando por Constantino, quantas guerras e batalhas! Licínio perde vinte mil homens em Cibalis; trinta e quatro mil em Andrinopla e cem mil em Crisópolis. As nações do norte começaram a mover-se. Os francos, os godos, os hunos, os lombardos, os alanos, os vândalos, etc, atacaram o império e despedaçaram-no sucessivamente. Átila põe a Europa a fogo e sangue. Os franceses matam-lhe mais de duzentos mil homens perto de Châlons; e os Godos, no ano seguinte, fazem-lhe sofrer uma perda ainda mais considerável. Em menos de um século, Roma é aprisionada e saqueada três vezes; e, na sedição em Constantinopla, quarenta mil pessoas são degoladas. Os Godos apoderam-se de Milão e matam trezentos mil habitantes. Totila faz massacrar todos os habitantes de Tivoli e noventa mil homens no saque de Roma. Surge Maomé; o gládio e o alcorão percorrem dois terços do globo. Os Sarracenos correm do Eufrates ao Guadalquivir. Eles destroem de alto a baixo a imensa cidade de Siracusa; perdem trinta mil homens perto de Constantinopla, num só combate naval; e Pelágio mata-lhes vinte mil numa batalha terrestre. Estas perdas nada eram para os Sarracenos; mas a torrente confronta-se com o génio dos Francos nas planícies de Tours, onde o filho do primeiro Pepino[90],

[90] Carlos Martel, príncipe dos Francos, filho bastardo de Pepino de Herstal, *o Jovem*.

CAP. III – DA DESTRUIÇÃO VIOLENTA DA ESPÉCIE HUMANA | 129

no meio de trezentos mil cadáveres, liga ao seu nome o terrível epíteto que o distingue ainda. O islamismo transportado para Espanha aí encontra um rival indómito. Jamais se viu mais glória, mais grandeza e maior carnificina. A luta dos cristãos e dos muçulmanos em Espanha é um combate de oito séculos. Diversas expedições, e mesmo diversas batalhas, custam aí vinte, trinta ou até quarenta mil vidas.

Carlos Magno sobe ao trono e combate durante meio século. A cada ano, anuncia sobre que parte da Europa vai lançar a morte. Presente em todo o lado e em todo o lado vencedor, ele esmaga nações de ferro, como César esmagou os homens-mulheres da Ásia. Os normandos começaram esta longa sequência de devastações e crueldades que nos faz ainda tremer. A imensa herança de Carlos Magno é despedaçada: a ambição cobre-o de sangue e o nome dos francos desaparece na batalha de Fontenay. Itália inteira é saqueada pelos Sarracenos, enquanto os Normandos, os Dinamarqueses e os Húngaros devastam França, Inglaterra, a Alemanha e a Grécia. As nações bárbaras estabelecem-se enfim e amansam. Esta veia não dá mais sangue; uma outra se abre no mesmo instante: as Cruzadas começam. A Europa inteira precipita-se sobre a Ásia; não se contam senão às miríades o número de vítimas. Gengiscão e os seus filhos subjugam e devastam o globo, da China à Boémia. Os franceses que se tinham feito cruzados

130 | CONSIDERAÇÕES SOBRE A FRANÇA

contra os Muçulmanos, fazem cruzadas contra os heréticos: a guerra cruel dos Albigenses. Batalha de Bouvines, onde trinta mil homens perdem a vida. Cinco anos mais tarde, oitenta mil sarracenos morrem no cerco de Damiette. Os Guelfos e os Gibelinos começam a luta que iria ensanguentar Itália durante um longo período. A fogueira das guerras civis acende-se em Inglaterra. Vésperas sicilianas. Sob os reinados de Eduardo e de Filipe de Valois, a França e a Inglaterra ferem-se mais violentamente que nunca, e criam uma nova época de carnificina. Massacre dos judeus; batalha de Poitiers; batalha de Nicópolis: o vencedor cai sob os golpes de Tamerlan, que repete Gengiscão. O duque de Borgonha manda assassinar o duque de Orléans e inicia-se a rivalidade sangrenta entre as duas famílias. Batalha de Azincourt. Os hussitas põem uma grande parte da Alemanha a sangue e fogo. Maomé II reina e combate durante trinta anos. A Inglaterra, empurrada para os seus limites, despedaça-se pelas suas próprias mãos. As casas de York e de Lencastre banham-na em sangue. O herdeiro de Borgonha leva a posse dos seus estados para a casa de Áustria; neste contrato de casamento, está escrito que os homens se degolarão durante três séculos, do Báltico ao Mediterrâneo. Descoberta do Novo Mundo: é a sentença de morte de três milhões de índios. Carlos V e Francisco I surgem no teatro do mundo: cada página da sua história está tinta de

CAP. III – DA DESTRUIÇÃO VIOLENTA DA ESPÉCIE HUMANA | 131

sangue humano. Reinado de Solimão; batalha de Mohatz; cerco de Viena; cerco de Malta, etc. Mas é da sombra de um claustro que surge um dos piores males do género humano: surge Lutero; Calvino segue-o. Guerra dos camponeses; guerra dos Trinta Anos; guerra civil de França; massacre dos Países Baixos; Massacre da Irlanda; massacre de Cevènnes; noite de São Bartolomeu; assassinato de Henrique III, de Henrique IV, de Maria Stuart, de Carlos I; e, nos nossos dias, enfim a Revolução francesa, que surge da mesma fonte.

Não levarei mais longe este assustador quadro: o nosso século e aquele que o precedeu são por demais conhecidos. Quer se remonte ao berço das nações; quer se desça até aos nossos dias; quer se examine os povos em todas as posições possíveis, desde o estado de barbárie até à mais refinada civilização: sempre se encontrará a guerra. Por esta razão, que é a principal, e por todas aquelas que se juntem, a efusão do sangue humano nunca é suspensa no universo; tanto é menos forte numa maior superfície, como é mais abundante numa superfície menos extensa; de modo que é mais ou menos constante. Mas de tempos a tempos acontecem acontecimentos extraordinários que a aumentam prodigiosamente, como as guerras púnicas, os triunviratos, as vitórias de César, a irrupção dos bárbaros, as cruzadas, as guerras de religião, a sucessão de Espanha, a revo-

132 | CONSIDERAÇÕES SOBRE A FRANÇA

lução francesa, etc. Se tivéssemos tabelas de massacres como temos tabelas meteorológicas, quem sabe se não descobriríamos a lei, ao fim de alguns séculos de observação[91]?

Buffon provou muito bem, de resto, que uma parte grande dos animais está destinada a morrer de morte violenta. Poder-se-ia, aparentemente, estender esta demonstração ao homem: mas devemo-nos cingir aos factos.

Há lugar para duvidar, de resto, que esta destruição violenta seja, em geral, um mal assim tão grande como se crê: pelo menos, é um destes males que entra numa ordem das coisas onde tudo é violento e *contra-natura*, e que produz compensações. Antes de mais, desde que a alma humana perdeu a sua

---

[91] **Consiste por exemplo, do relato feito pelo cirurgião chefe dos exércitos de SMI, que em duzentos e cinquenta mil homens empregues pelo Imperador José II contra os Turcos, desde 1 de Junho de 1788 até ao 1.º de Maio de 1789, tinham perecido trinta e três mil quinhentos e quarenta e três por doenças, e oitenta mil pelo ferro (*Gazette nationale et étrangere* de 1790, n.º 34). E observa-se pelo cálculo aproximado feito na Alemanha, que a guerra actual já tinha custado, no mês de Novembro de 1795, um milhão de homens a França, e quinhentos mil às potências coligadas (extracto de uma obra periódica alemã, no *Courrier de Francfort*, de 28 de Outubro de 1795, n.º 296).** (nota de Joseph de Maistre).

CAP. III – DA DESTRUIÇÃO VIOLENTA DA ESPÉCIE HUMANA | 133

energia pela frouxidão, a incredulidade e os vícios gangrenosos que acompanham o excesso de civilização, ela só pode ser retemperada pelo sangue. Não é fácil, longe disso, explicar porque é que a guerra produz diferentes efeitos, segundo as diferentes circunstâncias. O que se vê muito claramente é que o género humano pode ser considerado uma árvore que uma mão invisível poda sem descanso e que frequentemente beneficia desta operação. Na verdade, se se toca no tronco, ou se se corta a copa em feitio de *cabeça de salgueiro*, a árvore pode perecer: mas quem conhece os limites da árvore humana? O que sabemos é que uma carnificina extrema se associa frequentemente a um excesso de população, como se viu sobretudo nas antigas repúblicas gregas, e em Espanha sob a dominação dos Árabes[92]. Os lugares comuns sobre a guerra nada significam: não é preciso ser-se muito inteligente para saber que quantos mais homens se matam, menos sobram no momento;

---

[92] **A Espanha, nessa época, chegou a conter quarenta milhões de habitantes; hoje, tem apenas dez.** – *Noutros tempos a Grécia florescia no seio das mais cruéis guerras; o sangue corria em torrentes, e todo o país estava coberto de homens. Parecia, disse Maquiavel, que no meio das mortes, das proibições, das guerras civis, a nossa república se tornava mais forte, etc.* **Rousseau, Contrato Social, liv. III, cap. IX.** (nota de Joseph de Maistre).

134 | CONSIDERAÇÕES SOBRE A FRANÇA

como é verdade que quantos mais ramos se cortam, menos ficam na árvore; mas são as consequências da operação que importa considerar. Ora, seguindo com a mesma comparação, pode-se observar que o jardineiro hábil dirige a poda, menos à vegetação em absoluto, mas à frutificação da árvore: são os frutos, e não as madeiras e as folhas, que ele exige à planta. Ora, os verdadeiros frutos da natureza humana, as artes, as ciências, as grandes empresas, os altos conceitos, as virtudes másculas, surgem sobretudo nos tempos de guerra. Sabe-se que as nações só alcançam o mais alto grau de grandeza de que são susceptíveis após longas e sangrentas guerras. Assim, o ponto culminante dos Gregos foi a época terrível da guerra do Peloponeso; o século de Augusto seguiu-se imediatamente à guerra civil e às proscrições; o génio francês foi talhado pela Liga e polido pela *Fronda*[93]: todos os homens do século da Rainha Ana nasceram no meio de comoções políticas. Numa palavra, dir-se-á que o sangue é o adubo desta planta a que se chama génio.

Não sei se é bem compreendida a frase que muito se diz: *as artes são amigas da paz*. Seria preciso pelo menos explicar e limitar a proposição; porque não

---

[93] Insurreições contrárias ao absolutismo real, que surgiram em França durante a regência de Ana de Áustria e o ministério do Cardeal Mazarin.

CAP. III – DA DESTRUIÇÃO VIOLENTA DA ESPÉCIE HUMANA | 135

vejo nada de menos pacífico que os séculos de Alexandre e de Péricles, de Augusto, de Leão X e de Francisco I, de Luís XIV e da Rainha Ana.

Será possível que a efusão de sangue humano não tenha uma grande causa e grandes efeitos? Reflictamos: a história e a fábula, as descobertas da fisiologia moderna e das tradições antigas, reúnem--se para fornecer materiais para estas meditações. Não seria mais vergonhoso tactear sobre este assunto do que sobre milhares de outros mais estranhos ao homem.

Insurjamo-nos porém contra a guerra, e procuremos desgostar dela os Soberanos; mas não caiamos nos sonhos de Condorcet, esse filósofo tão caro à revolução, que empregou a sua vida a preparar a desgraça da presente geração, legando benignamente a perfeição aos nossos descendentes. Não há senão um meio de restringir o mal da guerra, que é controlar as desordens que trazem essa terrível purificação.

Na tragédia grega de Orestes, Helena, uma das personagens da peça, é subtraída pelos deuses ao justo ressentimento dos Gregos, e colocada no céu junto dos dois irmãos, para ser com eles um bom augúrio para os navegadores[94]. Apolo aparece para

---

[94] Os Dioscures, Castor e Pólux, são os dois filhos gémeos de Zeus e Leda.

136 | CONSIDERAÇÕES SOBRE A FRANÇA

justificar esta estranha apoteose[95]. *A beleza de Helena, diz, foi um instrumento dos deuses para atiçar Gregos e Troianos, e fazer correr o seu sangue, a fim de estancar[96] sobre a terra a iniquidade dos homens, demasiadamente numerosos[97].* Apolo falava muito bem. São os homens que reúnem as nuvens, e depois se queixam das tempestades.

É a cólera dos reis que faz armar a terra,
É a cólera dos céus que faz armar os reis.

Sinto bem que, em todas estas considerações, somos continuamente assaltados pelo quadro tão cansativo dos inocentes que perecem com os culpados. Mas sem aprofundar a questão que se relaciona com tudo o que existe de mais profundo, podemos apenas considerá-la na sua relação com o dogma universal, tão antigo como o mundo, da *reversibilidade das dores da inocência em proveito dos culpados[98].*

---

[95] ***Dignus vindice nodis*, Horácio, Art Poétique, 191.** (nota de Joseph de Maistre). "Enredo merecedor de (um tal) interveniente (de uma tal solução)".

[96] Ὡς Απαντλοϊεν. (nota de Joseph de Maistre) "a fim de purgar"

[97] **Eurípedes, *Oresteia*, 1638-1642.** (nota de Joseph de Maistre).

[98] **"*Eles sacrificam*, literalmente, *pelo repouso das almas; e estes sacrifícios, dizia Platão, são de uma grande eficácia, segundo o que dizem cidades inteiras,**

CAP. III – DA DESTRUIÇÃO VIOLENTA DA ESPÉCIE HUMANA | 137

É deste dogma, parece-me, que os antigos derivaram o uso dos sacrifícios que praticaram em todo o universo, e que julgaram úteis não só aos vivos, mas também aos mortos: uso típico que o hábito nos faz encarar sem espanto, mas do qual é difícil conhecer a raiz.

As devoções, tão famosas na Antiguidade, relacionavam-se com o mesmo dogma. Décio tinha fé de que o sacrifício da sua vida seria aceite pela Divindade e que ele poderia equilibrar todos os males que ameaçavam a sua pátria[99].

O cristianismo veio consagrar este dogma, que é infinitamente natural ao homem, mesmo que pareça difícil atingi-lo pela razão.

Assim, pode ter havido no coração de Luís XVI, no coração da celeste Elisabete, um tal movimento, uma tal aceitação, capaz de salvar França.

Pergunta-se por vezes de que servem as austeridades terríveis praticadas por certas ordens religiosas,

e os poetas filhos dos deuses, e os profetas inspirados pelos deuses. **Platão, De Republica, liv. II.** (nota de Joseph de Maistre).

[99] *Placulum omnis deorum irae... Omnes minas periculaque ab diis superis inferique in se unum vertit.* **Tit.-Liv., VIII, 9 e 10.** (nota de Joseph de Maistre) "[sentia que] a expiação de toda a ira dos deuses.... e todas as ameaças e perigos pendentes dos deuses, fossem celestiais ou infernais, se descarregariam sobre si ao mesmo tempo."

138 | CONSIDERAÇÕES SOBRE A FRANÇA

e que são também devoções; é exactamente o mesmo que perguntar para que serve o cristianismo, uma vez que ele repousa inteiramente no mesmo dogma alargado, da inocência que paga pelo crime.

A autoridade que aprova estas ordens, escolhe alguns homens e *isola-os* do mundo para os fazer seus *condutores*.

Não existe nada além de violência no universo; mas nós somos mimados pela filosofia moderna que nos diz que *tudo está bem*, enquanto o mal maculou tudo e, num sentido muito verdadeiro, *tudo está mal*, uma vez que nada está no seu lugar. Enfraquecida a nota tónica do sistema de nossa criação, todos os outros enfraqueceram proporcionalmente, seguindo as regras da harmonia. *Todos os seres gemem*[100] e tendem, com esforço e dor, para uma outra ordem das coisas.

---

[100] **São Paulo aos Romanos, VIII, 22 e seguintes. O sistema da Palingénese de Charles Bonnet tem por vezes pontos de contacto com este texto de São Paulo; mas esta ideia não o conduziu à ideia da degradação anterior; elas conjugam-se muito bem, porém.** (nota de Joseph de Maistre). A Palingénese é o regresso à vida, nome anteriormente atribuído à regeneração pelo Baptismo. Para Charles Bonnet, cada indivíduo trazia em si os germes de restituição indestrutíveis, que lhe permitiam renascer após a sua morte aparente e levar uma nova vida, adaptado a um novo estado do mundo.

CAP. III – DA DESTRUIÇÃO VIOLENTA DA ESPÉCIE HUMANA | 139

Os espectadores das grandes calamidades humanas são conduzidos sobretudo a estas tristes meditações. Mas guardemo-nos de perder a coragem: não há castigo que não purifique; não há desordem que o AMOR ETERNO não vire contra o princípio do mal. É doce, no meio da desordem geral, pressentir os planos de Deus. Jamais veremos tudo na nossa viagem, e frequentemente nos enganaremos; mas em todas as ciências possíveis, excepto as exactas, não somos nós reduzidos a conjecturar? E se as nossas conjecturas são plausíveis, se têm a seu favor analogias, se se apoiam em ideias universais, sobretudo se são consoladoras e puras, que faltará? Se elas não são verdadeiras, são boas; ou antes, uma vez que são boas, não serão verdadeiras?

Depois de ter visto a revolução francesa sob um ponto de vista puramente moral, virarei as minhas conjecturas para a política, sem esquecer porém o objectivo principal da minha obra.

CAPÍTULO IV

A República francesa pode durar?

Valeria mais a pena pôr uma outra questão: a República pode existir? Supomos que sim, mas é talvez andar depressa de mais, e a questão preliminar parece bem fundamentada porque a natureza e a história reúnem-se para estabelecer que uma grande república indivisível é uma coisa impossível. Um pequeno número de republicanos rodeados pelos muros de uma cidade pode, sem dúvida, ter milhões de súbditos; foi este o caso de Roma. Mas não pode existir uma grande nação livre sob um governo republicano. A questão é tão clara, que a teoria poderia prescindir da experiência; mas a experiência, que decide todas as questões na política como na física, está aqui em perfeito acordo com a teoria.

O que se disse aos franceses para os levar a crer numa República de 24 milhões de homens? Apenas duas coisas:

1.º Nada impede que se veja aquilo que nunca foi visto.

142 | CONSIDERAÇÕES SOBRE A FRANÇA

2.º A descoberta do sistema representativo torna possível para nós o que não o era para os nossos antepassados.

Examinemos a força destes dois argumentos.

Se nos dissessem que um dado, lançado cem mil vezes, nunca apresentou, ao parar, se não cinco números, 1, 2, 3, 4, 5, poderíamos crer que o 6 se encontrava numa das faces? Não, sem dúvida; e ser-nos-ia claro, como se o tivéssemos visto, que uma das seis faces estava em branco.

Pois bem, percorramos a história: aí veremos aquilo a que chamamos FORTUNA, lançando o dado sem interrupção há quatro mil anos; conseguiu ela alguma vez uma GRANDE REPÚBLICA? Não. Portanto, este número não existe no dado.

Se o mundo tivesse visto sucessivamente novos governos, não teríamos nenhum direito de afirmar que esta ou aquela forma é impossível, apenas porque nunca a tínhamos visto. Porém, não se passa assim: vimos sempre a Monarquia e algumas vezes a República. Se nos quisermos lançar nas subdivisões, podemos chamar *democracia* ao governo no qual a massa exerce a soberania, e *aristocracia* àquele em que a soberania pertence a um número mais ou menos restrito de famílias privilegiadas.

Está tudo dito.

CAP. IV – A REPÚBLICA FRANCESA PODE DURAR? | 143

A comparação do dado é perfeitamente exacta; tendo saído sempre os mesmos números da corneta da Fortuna, estamos autorizados, pela lei das probabilidades, a sustentar que não existem outros.

Não confundamos as essências das coisas com as suas modificações: as primeiras são inalteráveis e voltam sempre; as segundas mudam e variam um pouco o espectáculo, pelo menos para a multidão; porque todo o olho exercitado penetra facilmente a roupagem variável de que a eterna natureza se reveste, segundo os tempos e os espaços.

O que existe, por exemplo, de particular e de novo nos três poderes que constituem o governo de Inglaterra, os nomes dos *Pares* e dos *Comuns*, o hábito dos Lordes, etc? Os três poderes, considerados de forma abstracta, encontram-se em todo o lado onde se encontra a liberdade sábia e durável; encontraram-se sobretudo em Esparta, onde o governo, antes de Licurgo, *se encontrava sempre em oscilação, inclinando-se tanto à tirania, quando os reis possuíam poder em excesso, quanto à confusão popular, quando o povo comum usurpava um excesso de autoridade.* Mas Licurgo colocava entre os dois o senado, *que era*, assim também o dizia Platão, *um contrapeso salutar ... e uma forte barreira que mantinha os dois extremos em equilíbrio, e dava um estado firme e seguro à coisa pública, para o qual os senadores ... se reuniam algumas vezes em torno dos reis quando era necessário resistir à temeridade popular; e, ao contrário, fortificavam o partido do*

144 | CONSIDERAÇÕES SOBRE A FRANÇA

povo em oposição aos reis, para os impedir de usurparem um poder tirânico[101].

Assim, não há nada de novo, e a grande república é impossível, porque nunca existiu uma grande república.

Quanto ao sistema representativo, que se julga capaz de resolver o problema, sinto-me obrigado a uma moderação, que espero me perdoarão.

Comecemos por fazer notar que este sistema não é de todo uma descoberta moderna, mas uma *produção*, ou, para melhor dizer, uma *peça* do governo feudal, logo que este chegou a um ponto de maturidade e equilíbrio que o tornou, afinal de contas, aquilo que já vimos de mais perfeito no universo[102].

Tendo a autoridade real formado as comunas, chamava-as para as assembleias nacionais; elas apareciam através dos seus mandatários; daqui surgiu o sistema representativo.

Tratando apenas de passagem este tema, sucedeu o mesmo para o julgamento por jurados. A hierarquia das dependências do sistema feudal chamava os vassalos pela mesma ordem para a corte dos seus

---

[101] **Plutarco, *Vida de Licurgo*, trad. de Amyot.** (nota de Joseph de Maistre).

[102] ***Não creio que tenha havido na terra um governo tão equilibrado, etc*, Montesquieu, Espírito das Leis, liv. XI, cap. VIII.** (nota de Joseph de Maistre).

CAP. IV – A REPÚBLICA FRANCESA PODE DURAR? | 145

respectivos suseranos; de lá nasceu a máxima de que todos os homens devem ser julgados pelos seus pares (*Pares curtis*)[103], máxima que os ingleses retiveram em toda a sua extensão, e que fizeram permanecer para além da sua causa geradora; enquanto os franceses, menos tenazes, cederam às circunstâncias talvez invencíveis, e não tiraram dela o mesmo partido.

Seria preciso ser completamente incapaz de penetrar aquilo a que Bacon chamava *interiora rerum*[104], para imaginar que os homens puderam elevar-se, através de um raciocínio anterior, a semelhantes instituições, e que elas tenham podido ser o resultado de uma deliberação.

De resto, a representação nacional não é uma particularidade de Inglaterra: encontra-se em todas as monarquias da Europa; viva, encontra-se apenas na Grã-Bretanha; nos outros sítios, está morta ou adormecida; e não entra no plano desta pequena obra examinar se é para a desgraça da humanidade que foi suspensa e se conviria reaproximarmo-nos das formas antigas. É suficiente observar, segundo a

---

[103] "Nos tribunais, pelos pares" **Veja-se o livro dos feudos, no seguimento do Direito romano.** (nota de Joseph de Maistre).

[104] "o âmago das coisas".

146 | CONSIDERAÇÕES SOBRE A FRANÇA

história, que: 1.° em Inglaterra, onde a representação nacional obteve e mantém mais força que em qualquer outro local, surgiu apenas no séc. XIII[105]; 2.° a representação nacional não foi uma invenção, nem efeito de uma deliberação, nem resultado de uma acção do povo usando os seus direitos antigos; mas foi um soldado ambicioso que, para satisfazer as suas opiniões particulares, criou realmente uma balança de três poderes depois da batalha de Lewes, sem saber o que fazia, como sempre acontece; 3.° não apenas a convocação das Comunas para o conselho nacional foi uma concessão do monarca, mas também, no princípio, o rei nomeava os representantes das províncias, cidades e burgos; 4.° mesmo depois das comunas se terem arrogado do poder de apresentar deputados ao parlamento durante a viagem de Eduardo I à Palestina, elas possuíam aí apenas um voz consultiva, apresentavam as suas *reclamações*, como os Estados Gerais de França e a fórmula das concessões que emanavam do trono no seguimento das suas petições era sempre: *acordado pelo rei e pelos senhores espirituais e*

---

[105] **Os democratas ingleses tentaram fazer remontar os direitos das Comunas a tempos mais antigos, e viram o povo até nos famosos Wittenagemots; mas tiveram de abandonar esta tese insustentável. Hume, t. I, Append. I, pág. 144. Apend. II, pág. 407, Edit. In-4.°, Londres, Millar, 1762.** (nota de Joseph de Maistre).

CAP. IV – A REPÚBLICA FRANCESA PODE DURAR? | 147

temporais, às humildes preces das Comunas; 5.º enfim, a potência co-legislativa atribuída à Câmara dos Comuns é ainda muito jovem, porque remonta ao meio do séc. XV.

Se se entende por este termo representação nacional um *certo* número de representantes enviados por *certos* homens, escolhidos em *certas* cidades ou burgos, em virtude de uma antiga concessão do soberano, não é necessário discutir estes termos: este governo existe e é o de Inglaterra.

Mas se se pretende que todo o povo seja representado, que só o seja em virtude de um mandato[106], e que todo o cidadão possa dar ou receber este mandato, com algumas excepções física e moralmente inevitáveis; e se se pretende ainda juntar a uma tal ordem das coisas a abolição de toda a distinção e função hereditária, esta representação é uma coisa nunca vista, e que não será nunca possível.

[106] **Supõe-se frequentemente, por má-fé ou por falta de atenção, que só o *mandatário* pode ser *representante*. É um erro. Todos os dias, nos tribunais, a criança, o louco ou o ausente são representados por homens que têm mandato apenas através da lei: ora o *povo* reúne de forma eminente estas três qualidades; porque é sempre *criança*, sempre *louco* e sempre *ausente*. Porque não poderiam os seus tutores passar sem os seus mandatos?** (nota de Joseph de Maistre).

148 | CONSIDERAÇÕES SOBRE A FRANÇA

Citam-nos a América; não conheço nada mais impaciente que estes elogios concedidos a esta criança: deixem-na crescer.

Mas para pôr toda a clareza possível nesta discussão, convém salientar que os fautores da República francesa não se empenharam apenas em provar que a representação *aperfeiçoada*, como dizem estes inovadores, é possível e boa; mas ainda que o povo, por este meio, pode reter a sua *soberania* (como eles ainda dizem), e formar, na sua totalidade, uma República. É este o nó da questão: porque se a *República* é na capital, e o resto de França é *súbdito* da República, o *povo soberano* é excluído desta questão.

A Comissão, encarregue em último lugar de apresentar um modo de renovar o terceiro estado, conta o número dos franceses em 30 milhões. Aceitemos este número, e suponhamos que França mantém as suas conquistas. Cada ano, nos termos da Constituição, duzentas e cinquenta pessoas saindo do corpo legislativo serão substituídas por outras duzentas e cinquenta pessoas. Segue-se que, se os 15 milhões de homens que esta população supõe fossem imortais, capazes de representar e nomeados por ordem, invariavelmente, cada Francês viria a exercer a soberania nacional a cada sessenta mil anos[107].

[107] **Não tomo em consideração os cinco lugares de directores. Neste aspecto, a probabilidade é tão pequena, que pode ser considerada zero.** (nota de Joseph de Maistre).

CAP. IV – A REPÚBLICA FRANCESA PODE DURAR? | 149

Mas como não se deixa de morrer de tempos a tempos num tal intervalo; e já que se pode eleger mais de uma vez as mesmas pessoas, e ainda que uma multidão de homens, pela natureza e pelo bom senso, serão sempre incapazes de representar a nação, a imaginação assusta-se com o número prodigioso de soberanos condenados a morrer sem terem reinado. Rousseau sustentou que *a vontade nacional não pode ser delegada*; é-se livre de dizer sim ou não, e de discutir mil anos sobre questões colegiais. Mas aquilo que existe de mais seguro, é que o sistema representativo exclui directamente o exercício da soberania, especialmente no sistema francês, em que os direitos do povo limitam-se a nomear aqueles que nomeiam; em que não só não se pode dar mandatos especiais aos representantes, mas onde a lei tem o cuidado de destruir toda a relação entre eles e as suas províncias respectivas, advertindo-os que não são enviados daqueles que os enviaram, mas da Nação; palavra importante e infinitamente cómoda, porque se faz dela aquilo que se quer. Numa palavra, não é possível imaginar uma legislação melhor calculada para oprimir os direitos do povo. Tinha pois muita razão aquele vil conspirador jacobino, quando dizia abertamente num interrogatório judicial: *Julgo o governo actual usurpador da autoridade, violador de todos os direitos do povo, que reduziu à mais deplorável escravatura. É o sistema aterrador da felicidade do menor*

150 | CONSIDERAÇÕES SOBRE A FRANÇA

número, fundada na opressão da massa. O povo está de tal forma submetido, de tal forma rodeado de cadeias por este governo aristocrático, que se torna mais difícil que nunca quebrá-las[108].

Pois que importa à Nação a honra vã da representação, na qual se envolve tão indirectamente, e à qual milhares de indivíduos nunca terão acesso? A soberania e o governo são-lhe menos estrangeiras?

Mas, dir-se-á, respondendo ao argumento, que importa à nação a honra vã da representação, se o sistema recebido estabelece a liberdade pública?

Não é disso que se trata: a questão não é a de saber se o povo francês pode ser *livre* pela constituição que lhe é dada, mas se ele pode ser *soberano*. Muda--se a questão para fugir ao raciocínio. Comecemos por excluir o exercício da soberania; insistamos neste ponto fundamental, que o soberano estará sempre em Paris e que todo este bulício de representação nada significa; que o *povo* permanece completamente estrangeiro ao governo; que é mais súbdito do que na Monarquia e que as palavras *grande república* se excluem tanto como *círculo quadrado*. Ora, isto é demonstrado aritmeticamente.

---

[108] **Veja-se o interrogatório de Babeuf, em Junho de 1796**. (nota de Joseph de Maistre).

CAP. IV – A REPÚBLICA FRANCESA PODE DURAR? | 151

A questão fica pois reduzida a saber se é do maior interesse do povo francês ser súbdito de um directório executivo e de dois conselhos instituídos de acordo com a Constituição de 1795, ou de um rei reinando segundo as formas antigas.

É mais fácil colocar o problema do que resolvê-lo. É pois preciso descartar esta palavra *república*, e falar apenas de *governo*. Não examinarei se ele é adequado a assegurar a felicidade pública; os franceses sabem-no bem. Vejamos apenas se, tal como é, e seja de que maneira se nomeie, nos é permitido acreditar na sua durabilidade.

Elevemo-nos primeiro à altura que convém a um ser inteligente, e, deste ponto de vista elevado, consideremos a fonte deste governo.

O mal nada tem de comum com a existência; ele não pode criar, porque a sua força é puramente negativa: *o mal é o cisma do ser; ele não é verdadeiro.*

Ora, o que distingue a Revolução francesa, e o que a torna um *acontecimento* único na história, é que é radicalmente má; nenhum elemento de bem aí alivia o olhar do observador: é o mais alto grau de corrupção conhecido; é a pura impureza.

Em que página da história se encontrará uma tão grande quantidade de vícios agindo em simultâneo no mesmo palco? Que junção de baixezas e crueldades! Que imoralidade profunda! Que esquecimento de todo o pudor!

A juventude da liberdade tem características tão impressionantes que é impossível iludirmo-nos. Nesta época, o amor da pátria é uma religião e o respeito pelas leis uma superstição. Os caracteres são fortemente pronunciados, os costumes são austeros: todas as virtudes brilham em simultâneo; as facções viram-se para o serviço da pátria, porque só se disputa a honra de a servir; tudo, até o crime, porta o cunho da grandeza.

Quando se aproxima esta descrição da realidade que a França nos oferece, como crer na duração de uma liberdade que começa pela gangrena? Ou, para falar mais exactamente, como acreditar que essa liberdade possa nascer (porque ela não existe ainda) e que do seio da corrupção mais repugnante, possa sair essa forma de governo que exige mais virtudes do que as outras? Logo que se ouve esses pretensos republicanos falar de verdade e de virtudes, crê-se ver uma cortesã envelhecida, a tomar ares de virgem com um pudor de carmim.

Um jornal republicano transmitiu a seguinte história, sobre os costumes de Paris. "Alegava-se perante um tribunal civil um caso de sedução; uma jovem de 14 anos espantava os juízes por um grau de corrupção que rivalizava com a profunda imoralidade do seu sedutor. *Mais de metade do auditório era composto de jovens mulheres e raparigas; entre elas, mais de vinte não tinham 13 ou 14 anos. Várias estavam ao lado das*

CAP. IV – A REPÚBLICA FRANCESA PODE DURAR? | 153

suas mães; e em vez de cobrir o rosto, elas riam estrondosamente com os detalhes necessários, mas desagradáveis, que faziam corar os homens"[109].

Leitor, lembrai-vos desse romano que, nos belos dias de Roma, foi punido por ter beijado a sua mulher à frente das crianças. Fazei o paralelo, e tirai a conclusão.

A Revolução francesa percorreu, sem dúvida, um período com momentos muito diversos; porém, o seu carácter geral nunca variou, e no seu berço mesmo ela mostrou tudo em que se deveria tornar. Era um certo delírio inexplicável, uma impetuosidade cega, um desprezo escandaloso de tudo o que há de mais respeitável entre os homens; uma atrocidade de um novo tipo que ria dos seus crimes graves; era, sobretudo, uma prostituição impudente da razão e de todas as palavras feitas para exprimir ideias de justiça e de virtude.

Se nos detivermos em particular nos actos da Convenção Nacional, é difícil explicar o que se experimenta. Quando assisto em pensamento à época da sua reunião, sinto-me transportado, como o Bardo[110] sublime de Inglaterra, para um mundo intelectual;

---

[109] ***Journal de l'Opposition*, 1795, n.º 175, pág. 705.** (nota de Joseph de Maistre).

[110] Milton, autor de *Paraíso Perdido*.

154 | CONSIDERAÇÕES SOBRE A FRANÇA

vejo o inimigo do género humano, num esquema astucioso, convocando todos os *espíritos maus* para esse novo *Pandaemonium*, ouço distintamente *il rauco suon delle tartaree trombe*[111]; vejo todos os vícios de França acorrer ao apelo, e já não sei se não será uma alegoria aquilo que escrevo.

E mesmo agora, vede como o crime serve de base a todo esta edificação republicana; essa palavra *cidadão*, que substitui as antigas fórmulas de delicadeza, eles retomaram-na dos mais vis humanos. Foi numa das suas orgias legislativas que esses malfeitores inventaram esse novo título. O calendário da República, que não deve ser só visto pelo seu lado ridículo, foi uma conjura contra o culto; a sua era é datada pelos maiores crimes que desonraram a humanidade, porque eles não podem datar um acto sem o cobrir de vergonha, lembrando a desonrosa origem de um governo cujas festas mesmo fazem empalidecer.

É desta abjecção sangrenta que deve sair um governo durador? Que não objectem com os costumes ferozes e licenciosos dos povos bárbaros, que se tornaram porém naquilo que vemos. A ignorância bárbara presidiu, sem dúvida, a um conjunto de

---

[111] Segundo Darcel, é uma referência a Le Tasse, Jérusalem délivrée, IV, 3. Cf. Cons. Sur la France, pág. 105.

CAP. IV – A REPÚBLICA FRANCESA PODE DURAR? | 155

acontecimentos políticos; mas a barbárie sabedora, a atrocidade sistemática, a corrupção calculada, e sobretudo a irreligião, nunca produziram nada. O verdor leva à maturação; a podridão não leva a nada.

Aliás, alguma vez se viu um governo, e sobretudo uma constituição livre, ter início apesar dos membros do Estado e prescindir do seu consentimento[112]? É porém, o fenómeno que nos apresentaria esse meteoro a que se chama República francesa, se é que pode durar. Julga-se o governo forte, porque é violento; mas a força difere da violência tanto como da fraqueza e a maneira espantosa como ela opera neste momento fornece talvez a demonstração de que não pode operar muito mais tempo. A Nação francesa não quer este governo, ela suporta-o. Ela permanece-lhe submissa, porque não se pode livrar dele, ou porque teme alguma coisa pior. A República repousa sobre estas duas colunas que nada têm de real. Pode-se dizer que ela se apoia inteiramente sobre duas negações. Também é de notar que os escritores amigos da República não se empenham nada em mostrar a bondade deste governo; sentem

[112] Alusão à insurreição do 13 vendemiário do ano III, revolta realista reprimida pelo general Bonaparte em Paris (5 de Outubro de 1795).

156 | CONSIDERAÇÕES SOBRE A FRANÇA

bem que é lá a fraqueza da couraça: dizem apenas, com a ousadia a que se atrevem, que é o governo possível[113]. E passando ligeiramente sobre esta tese, tal como sobre carvão ardente, empenham-se apenas em explicar aos franceses que eles se exporiam aos maiores males, se voltassem ao anterior governo. É sobre este capítulo que eles são eloquentes: eles não cessam de referir os inconvenientes das revoluções. Pressionados, eles seriam capazes que reconhecer que a que originou o governo actual foi um crime, desde que se concorde em não fazer uma nova. Põem-se de joelhos diante da nação francesa, suplicam-lhe que proteja a República. Sente-se, em tudo o que dizem sobre a estabilidade do governo, não a convicção da razão, mas o sonho do desejo.

Passemos ao grande anátema que pesa sobre a república.

---

[113] Referência a Benjamin Constant, que num opúsculo de 1796, apelava ao apoio ao Directório: "Homens de todos os sistemas! Reconhecei enfim que vós não tendes mais do que um interesse: impedi-vos de desencorajar o génio tutelar da França que, depois do 9 Termidor, a salvou de tão numerosos perigos: cedei à força das coisas, quaisquer que sejam as vossas opiniões e hábitos, e aderi a um governo que vos oferece a paz e a liberdade e que não pode desabar sem vos enterrar nas suas ruínas". CONSTANT, Benjamin – *De la force du government actuel de la France et de la necessité de s'y rallier*, s. l., s. ed., 1796, pág. 36.

CAPÍTULO V

Da República francesa considerada no seu carácter anti-religioso Digressão sobre o cristianismo

Há na Revolução francesa um carácter satânico que a distingue de tudo o que já se viu e talvez de tudo o que se verá.

Lembremo-nos das grandes sessões! Os discursos de Robespierre contra o sacerdócio, a apostasia solene dos sacerdotes, a profanação dos objectos de culto, a inauguração da deusa Razão e esse grande número de cenas espantosas em que as províncias tentaram ultrapassar Paris; tudo isso sai do círculo habitual dos crimes e parece pertencer a um outro mundo.

E agora mesmo que a Revolução recuou bastante, os grandes excessos desapareceram, mas os princípios subsistem. Os *legisladores* (para me servir dos termos que eles utilizam), não pronunciaram esta frase isolada na história: *A nação não assalaria nenhum culto?* Alguns homens da época em que vivemos pareceram-me, em alguns momentos, elevar-se até à raiva contra a divindade; mas essa horripilante proeza não é necessária para tornar inúteis os maiores esforços

158 | CONSIDERAÇÕES SOBRE A FRANÇA

constituintes: apenas o esquecimento do grande Ser
(nem digo o desprezo) é um anátema irrevogável
sobre as obras humanas, que assim são manchadas.
Todas as instituições imagináveis ou repousam sobre
uma ideia religiosa, ou passam. Elas são fortes e
duráveis na medida em que são *divinizadas*, se me é
permitido exprimir-me assim. Não só a razão humana, ou aquilo a que se chama filosofia, sem se saber
o que se diz, não pode suprir as bases a que se
chama *supersticiosas*, sempre sem se saber o que se
diz; mas também a filosofia é, pelo contrário, uma
potência essencialmente desorganizadora.

Numa frase, o homem só representa o Criador
quando se põe em relação com Ele. Como somos
insensatos! Se queremos que um espelho reflicta a
imagem do sol, acaso o viramos para a terra?

Estas reflexões destinam-se a todo o mundo, tanto
ao crente como ao céptico: o que avanço é um
facto, não uma tese. Que se riam das ideias religiosas
ou que as venerem, tanto faz: verdadeiras ou falsas,
elas formam a base única de todas as instituições
duráveis.

Rousseau, talvez o homem que mais se enganou
em todo o mundo, acertou nesta observação, sem
ter querido dela tirar as consequências:

*A lei judaica, diz, subsiste sempre; a lei do filho de
Ismael, que desde há dez séculos rege metade do mundo,
anuncia ainda hoje os grandes homens que a ditaram ... a*

CAP. V – DA REPÚBLICA FRANCESA CONSIDERADA ... | 159

filosofia orgulhosa ou o espírito parcial cego vêem neles apenas felizes impostores[114].

Tinha apenas de tirar uma conclusão, em vez de nos falar *desse grande e poderoso génio que preside aos estabelecimentos duradouros*[115]: como se esta poesia explicasse alguma coisa! Quando se reflecte sobre os factos atestados por toda a história; quando se considera que, na cadeia das realizações humanas, desde as grandes instituições que são épocas do mundo, até à mais pequena organização social, desde o Império até à Confraria, todas têm uma base divina e que o poder humano, todas as vezes que se isola, só pode dar às suas obras uma existência falsa e passageira; o que pensaremos nós do novo edifício francês e do poder que o produziu? Por mim, não acreditarei jamais na fecundidade do nada.

Seria uma questão muito curiosa, aprofundar de forma sucessiva as nossas instituições europeias e mostrar como são todas *cristianizadas*; como a religião, misturando-se em tudo, tudo anima e sustenta. As paixões humanas podem macular ou mesmo desnaturar as criações primitivas; se o princípio é divino,

---

[114] **Contrato Social, liv. III, cap. VII.** (nota de Joseph de Maistre).

[115] **Ibid.** (nota de Joseph de Maistre).

160 | CONSIDERAÇÕES SOBRE A FRANÇA

é suficiente para lhes assegurar uma duração prodigiosa. Entre mil exemplos, pode citar-se o das ordens militares. Certamente, não será desrespeito para os membros que as compõem afirmar que o objecto religioso não é talvez aquele de que primeiramente se ocupam: não importa, elas subsistem, e esta duração é um prodígio. Quantos espíritos superficiais riem desta amálgama tão estranha de monge e soldado! Seria melhor extasiarem-se perante a força escondida através da qual estas ordens atravessaram os séculos, pressionadas por potências formidáveis e resistindo a choques que ainda hoje nos surpreendem na história. Ora, esta força é este nome sobre o qual as instituições repousam; porque nada é senão por *Aquele que É*. No meio da transformação geral de que somos testemunhas, a carência em absoluto de educação fixa a atenção dos amigos da ordem. Mais de uma vez foram ouvidos dizer que seria necessário restabelecer os Jesuítas. Não discuto de todo o mérito da ordem; mas este desejo não supõe uma reflexão profunda. Não se diria assim que Santo Inácio está pronto a servir as nossas perspectivas? Se a ordem foi destruída, qualquer Irmão cozinheiro a pode talvez restabelecer pelo mesmo espírito que a criou; mas todos os Soberanos do mundo não o conseguirão.

É uma lei divina tão certa, tão palpável, como as leis do movimento.

CAP. V – DA REPÚBLICA FRANCESA CONSIDERADA ... | 161

Todas as vezes que o homem se põe, conforme as suas forças, em contacto com o Criador, e que produz uma instituição qualquer em nome da Divindade; qualquer que seja a sua fraqueza individual, a sua ignorância, a sua pobreza, a obscuridade do seu nascimento, numa frase, o seu desprovimento total de todos os meios humanos, ele participa de alguma maneira no Todo-Poderoso, de que se faz instrumento: ele produz obras cuja força e duração espantam a razão.

Suplico a todo o leitor atento que olhe em seu redor: mesmo nos mais pequenos objectos, ele encontrará a demonstração destas grandes verdades. Não é necessário recuar ao *filho de Ismael*, a Licurgo, a Numa, a Moisés, cujas legislações foram religiosas; uma qualquer festa popular, uma dança rústica são suficientes para o observador. Ele verá em alguns países protestantes uns ajuntamentos, algumas festas populares, que não têm causa aparente, e que derivam de usos católicos absolutamente esquecidos. Estes tipos de festas não têm em si nada de moral, nada de respeitável; não importa: elas estão ligadas, embora longinquamente, a ideias religiosas e isto é suficiente para as perpetuar. Três séculos não puderam fazê-las esquecer.

Mas vós, mestres da terra! Príncipes, Imperadores, poderosas Majestades, invencíveis Conquistadores! Tentem apenas levar o povo a um local específico,

162 | CONSIDERAÇÕES SOBRE A FRANÇA

num certo dia de cada ano, PARA LÁ IR DANÇAR. Peço-vos pouco, mas ouso propor-vos o desafio solene de o conseguir; enquanto o mais humilde missionário o conseguirá, e dois mil anos depois da sua morte ainda lhe obedecerão. Cada ano, em nome de São João, São Martinho, São Bento, etc, o povo junta-se em torno de um templo rústico: chega, animado de uma alegria calorosa e contudo inocente. A religião santifica a alegria e a alegria embeleza a religião; ele esquece as suas penas e ao partir pensa no prazer que terá no ano seguinte, no mesmo dia, e esse dia é para ele um momento especial[116].

Ao lado deste quadro, colocai o dos senhores de França, que uma revolução surpreendente revestiu de todos os poderes e que não conseguem organizar uma festa. São pródigos em ouro, chamam todas as artes em seu socorro; e o cidadão fica em sua casa, ou responde à chamada apenas para se rir dos que a convocaram. Escutai o ressentimento da impotência! Escutai as palavras memoráveis dum desses *deputados do povo*, falando ao *corpo legislativo* numa sessão

---

[116] **Ludis publicis... popularem laetitiam in cantu et fidibus et tibiis moderanto, EAMQUE CUM DIVUM HONORE JUNGUNTO, Cic., *De Leg.*, II, 9, 22.** (nota de Joseph de Maistre) "Nos espectáculos públicos..., tempera a alegria popular com cantares acompanhados por harpas e flautas e associa-lhe o culto dos deuses."

CAP. V – DA REPÚBLICA FRANCESA CONSIDERADA ... | 163

do mês de Janeiro de 1796: "Como!, exclamava, homens estrangeiros aos nossos costumes e aos nossos usos conseguiram estabelecer festas ridículas para festejar acontecimentos desconhecidos, em honra de homens cuja existência é duvidosa. O quê! Eles puderam obter o emprego de fundos imensos para repetir em cada dia, numa triste monotonia, cerimónias insignificantes e por vezes absurdas. E os homens que derrubaram a Bastilha e o Trono, os homens que venceram a Europa, não conseguem conservar, através de festas nacionais, a lembrança dos grandes acontecimentos que imortalizaram a nossa Revolução".

É delírio! Ó profundeza da leviandade humana! Legisladores, meditai sobre esta grande confissão; ela ensina-vos o que sois e o que podeis.

Agora, que mais nos falta para julgar o sistema francês? Se a sua nulidade não é clara, nada há de mais certo no universo.

Estou tão persuadido destas verdades que defendo, que quando observo o enfraquecimento geral dos princípios morais, a divergência das opiniões, a desagregação das soberanias a que faltam as bases, a imensidade das nossas necessidades e a inanidade dos nossos meios, parece-me que o verdadeiro filósofo deve optar entre estas duas hipóteses: ou vai formar uma nova religião, ou o cristianismo será rejuvenescido de uma forma extraordinária. É entre estas duas suposições que se deve escolher, seguindo

164 | CONSIDERAÇÕES SOBRE A FRANÇA

o partido que se escolher no que respeita a verdade do cristianismo.

Esta conjectura só será afastada desdenhosamente por homens de vistas curtas que não crêem possível aquilo que vêem. Que homem da antiguidade poderia ter previsto o cristianismo? E que homem estranho a esta religião teria podido, nos seus inícios, adivinhar o seu sucesso? Como sabemos se não terá já começado uma grande revolução moral? Plínio[117], como está provado pela sua famosa carta, não fazia menor ideia deste gigante, de que apenas via a infância.

Que multidão de ideias acaba de me assaltar neste momento e me eleva às mais altas contemplações!

A GERAÇÃO presente é testemunha de um dos maiores espectáculos que jamais ocupou a vista humana: é a luta de morte entre o cristianismo e o filosofismo. A liça está aberta, os dois inimigos estão em contenda, e o universo assiste.

Vê-se, como em Homero, o *pai dos deuses e dos homens erguendo* a balança que pesa estes dois grandes interesses, e em breve um dos pratos vai descer.

Para o homem prevenido, e principalmente a quem o coração tenha convencido a cabeça, os acon-

---

[117] Referência a Plínio o Novo, ou o Jovem (séc. II d.C.), Cônsul e governador da Bitínia, e autor de uma carta ao Imperador Trajano, em que inquire qual o tratamento que deve ser dado aos cristãos.

CAP. V – DA REPÚBLICA FRANCESA CONSIDERADA ... | 165

tecimentos não provam nada; o partido está tomado irrevogavelmente como sim ou não, a observação e o raciocínio são igualmente inúteis. Mas todos vós, homens de boa fé, que negais ou duvidais, talvez esta grande época do cristianismo fixe as vossas irresoluções. Desde há dezoito séculos, ele reina sobre uma grande parte do mundo, e particularmente sobre a porção mais esclarecida do globo. Esta religião não pára mesmo na época antiga: chegando ao seu fundador, ela liga-se a uma outra ordem das coisas, a uma religião tradicional que a precedeu. Uma não pode ser verdadeira sem que a outra o seja; uma gloria-se de prometer o que a outra se gloria de ter; de modo que o cristianismo, por um encadeamento que é um facto visível, remonta à origem do mundo.

NASCEU NO DIA EM QUE NASCERAM OS DIAS

Não há exemplo de uma tal duração; e, detendo--nos apenas no cristianismo, nenhuma instituição no universo lhe pode ser comparada. É para a achincalhar que a comparam a outras religiões: várias características impressionantes excluem qualquer comparação; não é aqui o local ideal para as detalhar: apenas uma palavra e é suficiente. Mostrem--nos uma outra religião fundada em factos miraculosos e revelando dogmas incompreensíveis, em

166 | CONSIDERAÇÕES SOBRE A FRANÇA

que acreditou durante dezoito séculos uma grande parte do género humano, e defendida em todas as idades pelos mais importantes homens dos seus tempos, desde Orígenes até Pascal, apesar dos esforços de uma facção inimiga, que não deixou de rugir, desde Celso[118] até Condorcet.

Facto admirável! Quando se reflecte sobre esta grande instituição, a hipótese mais natural, aquela que todas as verosimilhanças apontam, é a do estabelecimento divino. Se a obra é humana, não há mais meio de explicar o seu sucesso: excluindo o prodígio, restabelece-se o prodígio.

Todas as nações, diz-se, tomaram o cobre por ouro. É verdade: mas este cobre foi lançado no cadinho europeu e submetido durante dezoito séculos à observação química? Ou, se passou por esta prova, perdeu ele a sua honra? Newton acreditava na encarnação; mas Platão, julgo, acreditava pouco no nascimento maravilhoso de Baco.

O cristianismo foi pregado por ignorantes e acreditado pelos sábios, e nisto não se assemelha a nada de conhecido.

Além de mais, venceu todas as provas. Diz-se que a perseguição é um vento que alimenta e propaga

---

[118] Celso, o pagão, (145-225) filósofo de origem judaica, autor de uma obra contra o cristianismo, a que Orígenes respondeu.

CAP. V – DA REPÚBLICA FRANCESA CONSIDERADA ... | 167

a chama do fanatismo. Seja: Diocleciano favoreceu o cristianismo; mas, nesta suposição, Constantino deveria tê-lo sufocado, e não foi isto que sucedeu. Resistiu a tudo, à paz, à guerra, às penas de morte, aos triunfos, às punhaladas, às delícias, ao orgulho, à humilhação, à pobreza, à opulência, à noite da Idade Média e ao grande dia dos séculos de Leão X e Luís XIV. Um imperador todo-poderoso, e senhor de grande parte do mundo conhecido, empregou outrora contra ele todos os recursos do seu génio; nada esqueceu para restaurar os dogmas antigos; associou-os habilmente às ideias platónicas que estavam na moda. Escondendo a raiva que o animava sob uma tolerância puramente exterior, empregou contra o culto inimigo as armas a que nenhuma obra humana resiste: meteu-o ao ridículo; empobreceu o sacerdócio para o tornar desprezível; privou-o de todos os apoios que os homens podem dar às suas obras: difamações, cabalas, injustiças, opressão, ridículo, força e habilidade. Tudo foi inútil: o *Nazareno* levou a melhor sobre Juliano, o *filósofo*[119].

Hoje, afinal, a experiência repete-se em circunstâncias ainda mais favoráveis: nada do que a pode tornar decisiva lhe falta. Sede pois muito atentos,

---

[119] Juliano, o apóstata (331-363), foi o último imperador romano pagão, que combateu fortemente o cristianismo.

168 | CONSIDERAÇÕES SOBRE A FRANÇA

todos vós a quem a história não instruiu. Vós dizíeis que o ceptro sustinha a tiara papal; pois bem, já não há ceptro na grande arena: está partido e os seus pedaços são lançados na lama. Vós não sabíeis até que ponto a influência de um sacerdócio rico e poderoso podia suster os dogmas que pregava: não acredito muito que exista o poder de fazer crer, mas passemos adiante. Já não há mais padres: expulsaram-nos, assassinaram-nos, aviltaram-nos; desproveram-nos de tudo e aqueles que escaparam à guilhotina, às fogueiras, aos punhais, aos fuzilamentos, aos afogamentos, à deportação, recebem agora a esmola que anteriormente davam. Vós temíeis a força do costume, o ascendente da autoridade, as ilusões da imaginação: nada mais disso existe; não há mais tradição; não há mais senhores; o espírito de cada homem pertence-lhe. Tendo a filosofia corroído o cimento que unia os homens, já não há mais agregações morais. A autoridade civil, favorecendo com todas as suas forças o desabamento do sistema antigo, dá aos inimigos do cristianismo todo o apoio que anteriormente dava a este; o espírito humano toma todas as formas possíveis para combater a antiga religião nacional. Estes esforços são aplaudidos e bem pagos e os esforços contrários são crimes. Nada mais tendes a temer do encantamento dos olhos, que são os primeiros enganados. Um aparelho pomposo, cerimónias inúteis, já não se impõem aos homens, que,

CAP. V – DA REPÚBLICA FRANCESA CONSIDERADA ... | 169

desde há sete anos, assistem a tudo o que sucede. Os templos estão encerrados, ou apenas se abrem para deliberações barulhentas ou bacanais de um povo desenfreado. Os altares foram virados do avesso; passearam-se pelas ruas animais imundos sob o vestuário dos pontífices; cálices sagrados serviram para orgias abomináveis; e aos altares que a fé antiga rodeava de querubins em adoração, fizeram subir prostitutas desnudadas. O filosofismo não tem, pois, mais queixas a fazer: todas as oportunidades humanas estão a seu favor; tudo se fez por ele, contra o seu rival. Se for vencedor, não dirá, como César: *cheguei, vi e venci*; mas enfim, terá vencido. Poderá bater palmas e sentar-se orgulhosamente numa cruz virada ao contrário. Mas se o Cristianismo sair desta prova terrível mais puro e mais vigoroso, se o Hércules cristão, apenas com a sua própria força, levantar *o filho da terra* e o asfixiar, *patuit Deus*[120]. – Franceses! Abri espaço para o Rei cristão; levai-o vós mesmos para o seu trono antigo; reerguei a sua auriflama, e que o seu ouro, viajando de um pólo para outro, leve a toda a parte a divisa triunfal:

CRISTO COMANDA, CRISTO REINA, ELE É VENCEDOR!

[120] "Deus ficou à vista".

CAPÍTULO VI

Da influência divina nas constituições políticas

O homem pode modificar tudo na esfera da sua actividade, mas não pode criar nada: é esta a sua lei, no plano físico como no moral.

O homem pode sem dúvida plantar uma semente, levantar uma árvore, aperfeiçoá-la através de enxertos, podá-la de cem maneiras diferentes; mas nunca se julgou que tinha o poder de fazer uma árvore.

Como será que se imaginou que tinha o poder de fazer uma Constituição? Terá sido pela experiência? Vejamos aquilo que ela nos ensina.

Todas as grandes constituições livres, conhecidas no universo, formaram-se de duas maneiras. Ou, por assim dizer, germinaram de uma maneira imperceptível, pela reunião de um conjunto de circunstâncias a que chamamos fortuitas; ou, algumas vezes, têm um autor único que surge como um fenómeno e que se faz obedecer.

Nas duas suposições, vejamos de que forma Deus nos adverte da nossa fraqueza e do direito que lhe está reservado na formação dos governos.

172 | CONSIDERAÇÕES SOBRE A FRANÇA

1.º Nenhuma Constituição resulta de uma deliberação; os direitos dos povos nunca são escritos, ou pelo menos, os actos constituintes ou as leis fundamentais escritas não são mais que títulos declaratórios de direitos anteriores e dizem apenas que estes existem porque existem[121].

2.º Deus, não tendo julgado adequado empregar nestas meios sobrenaturais, circunscreve a acção humana, até ao ponto em que as circunstâncias tudo fazem na formação das constituições. Acontece até muito frequentemente que seja na prossecução de um determinado objectivo que se obtem um outro, como vimos na Constituição inglesa.

3.º Os direitos do *povo* propriamente dito partem frequentemente da concessão do Soberano, e neste caso podem estar assim estabelecido historicamente; mas os direitos do soberano e da aristocracia, pelo menos os direitos essenciais, constitutivos e radicais, se é permitido exprimir assim, não têm data nem autores.

---

[121] *Seria preciso ser louco para perguntar quem deu a liberdade às cidades de Esparta, de Roma, etc. Estas repúblicas não receberam as suas cartas dos homens. Deus e a natureza é que lhas deram.* **Sidney, Disc. sur le gouv., t. I, chap. 2. O autor não é suspeito.** (nota de Joseph de Maistre).

CAP. VI – DA INFLUÊNCIA DIVINA NAS CONSTITUIÇÕES ... | 173

4.º Mesmo as concessões do Soberano foram sempre precedidas por um estado de coisas que as exigia e que não dependia dele.

5.º Apesar das leis escritas serem apenas declarações de direitos anteriores, nem tudo o que pode ser escrito o é efectivamente; há sempre em cada Constituição alguma coisa que não pode ser escrita[122], e que é preciso deixar por dizer, como uma nuvem escura e venerável, sob pena de destruir o Estado.

6.º Quanto mais se escreve, mais a instituição é fraca; a razão disto é clara. As leis são apenas declarações de direitos e os direitos só são declarados quando estão sob ataque; de forma que a multiplicidade de leis constitucionais escritas prova apenas a multiplicidade dos choques e o perigo de uma destruição.

---

[122] **O sábio Hume fez frequentemente este reparo. Citarei apenas a seguinte passagem:** *É este ponto da constituição inglesa (o direito de advertência) que é muito difícil, ou para melhor dizer impossível, regular pelas leis: ele deve ser dirigido por certas ideias delicadas de conveniência e de decência, mais do que pela exactidão de leis e regulamentos* (**Hume, *Hist. D'Angleterres*, Charles Ier, cap. LIII, nota B). Thomas Payne é de uma outra opinião, como se sabe. Ele defende que uma constituição só existe se se puder guardar no bolso.** (nota de Joseph de Maistre).

174 | CONSIDERAÇÕES SOBRE A FRANÇA

Aqui está a razão pela qual a mais vigorosa instituição da antiguidade profana foi a da Lacedemónia, onde não se escrevia nada.

7.º Nenhuma nação pode dar a si própria a liberdade, se não a tiver[123]. Quando começa a reflectir sobre si própria, as suas leis estão feitas. A influência humana não se estende para além do desenvolvimento de direitos existentes, mas que eram mal conhecidos ou contestados. Se os imprudentes ultrapassarem estes limites através de reformas temerárias, a nação perde aquilo que tinha, sem conseguir aquilo que quer. Daqui resulta a necessidade de inovar apenas muito raramente e sempre com moderação e receio.

8.º Quando a Providência decretou a formação mais rápida de uma constituição política, surge um homem revestido de um poder indefinível: ele fala, e faz-se obedecer; mas estes homens maravilhosos talvez pertençam apenas ao mundo antigo e à juventude das nações. Seja de que forma for, eis o carácter dis-tintivo destes legisladores por excelência: são reis,

---

[123] *Un populo uso a vivere sotto un principe, se per qualche accidente diventa libero, com difficultà mantiene la libertà.* **Maquiavel, Discorsi sopra Tito Lívio, Lib. I, cap. XVI.** (nota de Joseph de Maistre).

"Um povo habituado a viver sob um príncipe, se por algum acaso se torna livre, com dificuldade mantém a liberdade."

CAP. VI – DA INFLUÊNCIA DIVINA NAS CONSTITUIÇÕES ... | 175

ou eminentemente nobres. Neste aspecto, não há nem pode haver nenhuma excepção. Foi neste aspecto que falhou a instituição de Sólon, a mais frágil da antiguidade[124].

Os belos dias de Atenas, que depressa passaram[125], foram ainda interrompidos por conquistas e tiranias; e Sólon mesmo chegou a ver os seguidores de Pisístrato

9.º Mesmo estes legisladores, com o seu poder extraordinário, não fazem mais que reunir os elementos preexistentes nos costumes e no carácter dos povos: mas esta reunião, esta formação rápida que

[124] **Plutarco viu muito bem esta verdade.** *Sólon, diz, não conseguiu manter longamente a cidade em união e concórdia... porque tinha nascido de raça popular, e não era dos mais ricos da cidade, mas apenas de meios burgueses. Vie de Solon,* **trad. d'Amyot.** (nota de Joseph de Maistre).

[125] *Haec extrema fuit aetas imperatorum Atheniensium Iphicratis, Chabriae, Thimothei: neque post illorum obitum quisquam dux in illa urbe fuit dignus memoria.* *Corn. Nep. Vita Thimoth.,* **cap. IV. Da batalha da Maranatona até à de Leucade, ganha por Timóteo, passaram 114 anos. É o** *modo de ser* **da glória de Atenas.** (nota de Joseph de Maistre).

"A derradeira idade dos homens de comando em Atenas foi a de Ifícrates, Cábrias, Timóteo; depois da morte deles não mais houve naquela cidade homem de comando que fosse digno de memória."

176 | CONSIDERAÇÕES SOBRE A FRANÇA

mantém desde a criação, executa-se apenas em nome da Divindade. A política e a religião fundem-se: dificilmente se distingue o legislador do sacerdote; e as suas instituições públicas consistem principalmente *em cerimónias e sessões judiciais religiosas*[126].

10.º A liberdade, num determinado sentido, foi sempre um dom dos Reis; porque todas as nações livres foram constituídas por Reis. É a regra geral e as excepções que se poderia indicar entrariam na regra se fossem discutidas[127].

11.º Jamais existiu uma nação livre que não tivesse na sua constituição natural gérmens de liberdade tão antigos quanto ela; e jamais uma nação tentou com eficácia, pelas suas leis fundamentais escritas, estabelecer outros direitos além daqueles que existiam na sua constituição natural.

---

[126] **Plutarco, *Vie de Numa*.** (nota de Joseph de Maistre).

[127] ***Neque ambigitur quin Brutus idem, qui tantum gloriae, superbo exacto rege, meruit pessimo publico id facturus fuerit, si libertatis immaturae cupidine priorum regum alicui regum extorsisset, etc.* Tit-Liv., II, I. Toda a passagem merece bem ser meditada.** (nota de Joseph de Maistre).

"Não há que pôr em dúvida que se o próprio Bruto, ao depor o rei [Tarquínio] Soberbo, mereceu ser elogiado, seria condenado em público se, por ânsia de liberdade incontida, o tivesse feito a algum dos reis anteriores."

CAP. VI – DA INFLUÊNCIA DIVINA NAS CONSTITUIÇÕES ... | 177

12.º Uma qualquer assembleia de homens não pode constituir uma nação; e esta empresa excede mesmo em loucura aquilo que todos os *Bedlams*[128] do universo podem produzir de mais absurdo e mais extravagante[129].

Provar em detalhe esta proposição, depois do que já disse, seria, parece-me, faltar ao respeito daqueles que já sabem e honrar demais aqueles que não sabem.

13.º Falei já de uma característica principal dos verdadeiros legisladores; eis aqui uma outra que é muito distintiva, e sobre a qual seria sensato fazer um livro. É que nunca são aquilo a que se chama *sábios*, não escrevem nada, agem por instinto e não têm outro instrumento para agir senão uma certa força moral que dobra as vontades como o vento dobra uma seara.

Mostrando que esta observação é apenas o corolário de uma verdade geral da maior importância, poderia dizer algumas coisas interessantes, mas temo

---

[128] Hospício inglês para doentes mentais.

[129] *E necessário chè uno solo sai quello che dia il modo, e della cui mente dipenda qualunque similie ordinazione.* **Maquiavel, Disc. sopr. Tit-Li., Lib. I, cap. IX.** (nota de Joseph de Maistre).

"É necessário que só um seja aquele que dá a forma, e que da mente daquele dependa qualquer ordem semelhante."

178 | CONSIDERAÇÕES SOBRE A FRANÇA

dispersar-me: prefiro suprimir os intermediários e correr aos resultados.

Existe entre a política teórica e a legislação constituinte a mesma diferença que existe entre a poética e a poesia. O ilustre Montesquieu é para Licurgo, na escala geral dos espíritos, aquilo que Batteux[130] é para Homero ou Racine.

Há mais: estes dois talentos excluem-se positivamente, como se viu pelo exemplo de Locke, que falha redondamente quando ousa querer dar leis aos Americanos.

Vi um grande amador da República lamentar-se seriamente dos Franceses não se terem apercebido, entre a obra de Hume, de uma obra intitulada: *Plano de uma república perfeita – O caecas hominum mentes*[131]! Se virdes um homem vulgar que tenha bom senso, mas que nunca tenha dado, em nenhum género, nenhum sinal exterior de superioridade, vós não podereis garantir que ele não seja um legislador. Não há nenhuma razão para dizer sim ou não; mas se se tratar de Bacon, de Locke, de Montesquieu,

---

[130] Segundo Darcel, refere-se a Charles Batteux (1713-1789), clérigo e erudito francês conhecido pelas suas traduções clássicas e trabalhos sobre retórica.

[131] *Ó cegueira da mente humana*

CAP. VI – DA INFLUÊNCIA DIVINA NAS CONSTITUIÇÕES ... | 179

etc, dizei *não* sem hesitar; por que o talento que tem é prova de que não tem o outro[132].

A aplicação dos princípios que acabo de expor à constituição francesa apresenta-se naturalmente; mas é bom encará-la de um ponto de vista particular. Os maiores inimigos da Revolução francesa devem convir com franqueza que a Comissão dos Onze, que produziu a última constituição, tem segundo todas as aparências mais espírito que a sua obra e que ela fez talvez tudo o que podia fazer. Dispunha de materiais rebeldes que não lhe permitiam seguir os princípios; e apenas a divisão dos poderes, ainda que sejam apenas divididos por um muro[133], são ainda assim uma bela vitória sobre os preconceitos do momento.

Mas trata-se do mérito intrínseco da Constituição. Não entra no meu plano de pesquisa os defeitos particulares que nos garantem que ela não pode durar; aliás, já foi tudo dito sobre este ponto. Indi-

[132] **Platão, Zenão e Crisipo escreveram livros; mas Licurgo fez actos. (Plutarco, *Vie de Lycurgue*). Não há uma só ideia sã em moral e política que tenha escapado ao bom senso de Plutarco** (nota de Joseph de Maistre à edição de 1821).

[133] **Em nenhum caso, os dois Conselhos se podem reunir na mesma sala. Constituição de 1795, tit. V, art. 60.** (nota de Joseph de Maistre).

180 | CONSIDERAÇÕES SOBRE A FRANÇA

carei apenas o erro de teoria que serviu de base a esta constituição e que enganou os franceses desde o primeiro instante da sua Revolução.

A Constituição de 1795, como as suas antecedentes, é feita para o *homem*. Ora, não existem *homens* no mundo. Já vi, na minha vida, Franceses, Italianos, Russos, etc; sei mesmo, graças a Montesquieu, *que se pode ser Persa*; mas, quanto ao *homem*, declaro nunca o ter encontrado na minha vida; se existe, não tenho conhecimento.

Existe alguma região no universo onde não se possa encontrar um Conselho dos Quinhentos, um Conselho dos Anciãos e cinco Directores? Esta constituição pode ser apresentada a todas as associações humanas, desde a China até Genebra. Mas uma constituição que é feita para todas as nações não é feita para nenhuma: é uma pura abstracção, uma obra de escolástica feita para exercitar o espírito segundo uma hipótese ideal, e que é preciso dirigir ao *homem*, nos espaços imaginários em que ele habita.

O que é uma constituição? Não é a solução do seguinte problema?

Sendo dadas a população, os costumes, a religião, a situação geográfica, as relações políticas, as riquezas, as boas e más qualidades de uma certa nação, encontrar as leis que mais lhe convêm.

Ora, este problema não é abordado na Constituição de 1795, que só pensou no *homem*.

CAP. VI – DA INFLUÊNCIA DIVINA NAS CONSTITUIÇÕES ... | 181

Todas as razões imagináveis se reúnem para estabelecer que o selo divino não se encontra nesta obra. – É apenas um *tema para discurso.*

Assim, neste momento já, quantos sinais de destruição!

CAPÍTULO VII

Sinais de nulidade no Governo francês

O legislador assemelha-se ao Criador: não trabalha sempre; ele cria, e depois descansa. Toda a legislação verdadeira tem o seu *sabbat* e a intermitência é o seu carácter distintivo; de maneira que Ovídio enunciou uma verdade de primeira água, quando disse:

Quod caret alterna requie durabile non est[134]

Se a perfeição fosse apanágio da natureza humana, cada legislador falaria apenas uma vez; mas, posto que todas as nossas obras são imperfeitas, à medida que as instituições políticas se viciam, o soberano é obrigado a vir em seu socorro com novas leis; apesar disso, a legislação humana aproxima-se do seu

---

[134] "O que carece de alternância de descanso não tem continuidade."

184 | CONSIDERAÇÕES SOBRE A FRANÇA

modelo por esta intermitência de que falava acima. O seu repouso honra-a tanto como a sua acção primitiva: quanto mais age mais humana é a sua obra, isto é, frágil.

Vede os trabalhos das três assembleias nacionais de França: que número prodigioso de leis! Desde o 1.º de Julho de 1789, até ao mês de Outubro de 1791, a assembleia nacional fez: 2.557

A assembleia legislativa fez, em onze meses e meio: 1.712

A convenção nacional, desde o primeiro dia da República até ao 4 do Brumário ano IV (26 de Outubro de 1795) fez em 57 meses: 11.210

TOTAL: .... 15.479[135]

[135] **Este cálculo, que foi feito em França, foi lembrado numa revista estrangeira do mês de Fevereiro de 1796. Este número de 15.479 em menos de seis anos parecia-me já muito justo, quando descobri nos meus apontamentos a asserção de um amável jornalista que pretendia de forma absoluta, num dos seus jornais *brilhantes* (*Quotidien* de 30 de Novembro 1796, n.º 218) que a República francesa possuía dois milhões e algumas centenas de milhares de leis impressas, e dezoito centenas de milhares que não o estão. – Por mim, concedo.** (nota de Joseph de Maistre).

CAP. VII – SINAIS DE NULIDADE NO GOVERNO FRANCÊS | 185

Duvido que as três raças de reis de França[136] tenham criado uma colecção tão impressionante. Quando se reflecte sobre este número infinito de leis, experimenta--se sucessivamente dois sentimentos muito diferentes: um primeiro de admiração, ou pelo menos de espanto; espantamo-nos, com o Senhor Burke[137], que esta nação, cuja ligeireza é proverbial, tenha produzido trabalhadores tão obstinados. O edifício destas leis é uma obra atlântica, cujo aspecto assombra. Mas o espanto depressa se torna piedade, quando reflectimos na nulidade destas leis; e vemos apenas crianças que se matam para levantar um grande castelo de cartas.

Porquê tantas leis? Porque não há legislador nenhum.

O que fizeram os pretensos legisladores nos últimos seis anos? – Nada; porque *destruir* não é *fazer*.

Não podemos cansar-nos de contemplar o espectáculo inacreditável de uma nação, que se atribui três

[136] A França conheceu três dinastias: a merovíngea, carolíngia e capetiana.

[137] Em *Letter to a Member of the National Assembly*, Burke dizia ironicamente: "Em Inglaterra, não conseguimos trabalhar tão arduamente como os franceses. É-nos necessário um frequente descanso." e continuava, mostrando a intensidade do trabalho da Assembleia. Cf. BURKE, Edmund – *A letter to a member of the National Assembly*. vol. IV. Boston: Little, Brown and Company, 1865, pag. 72.

186 | CONSIDERAÇÕES SOBRE A FRANÇA

constituições em cinco anos. Nenhum legislador hesitou: disse *fiat* à sua maneira e a máquina funcionou. Apesar dos diferentes esforços deste género que as três assembleias fizeram, tudo foi de mal a pior, pois faltou cada vez mais o assentimento da Nação à obra dos legisladores.

Certamente a Constituição de 1791 é um belo monumento à loucura; porém, é preciso afirmá-lo, apaixonou os franceses; e foi de todo o coração, apesar de com muita loucura, que a maioria da nação prestou juramento *à Nação, à Lei e ao Rei*. Os Franceses perderam-se mesmo de amores por esta constituição a ponto de, muito tempo depois de já não ser verdade, ser um discurso muito comum entre eles que para regressar à verdadeira monarquia seria preciso passar pela Constituição de 1791. Era, no fundo, dizer que para chegar da Ásia à Europa, era preciso passar pela lua; mas não falarei mais desta questão[138].

[138] **Um homem de espírito que tinha as suas razões para louvar esta constituição e que pretendia, em absoluto, que esta fosse *um monumento da razão escrita*, concordou porém que, sem falar do horror pelas duas Câmaras e pela restrição do veto, ela encerra ainda vários outros princípios de anarquia (20 ou 30, por exemplo). Vede *Coup d'oeil sur la Révolution française, par un ami de l'ordre et des lois, par M. M....*.* Hamburgo, 1794, pág. 28 e 77. Mas o que se segue é**

CAP. VII – SINAIS DE NULIDADE NO GOVERNO FRANCÊS | 187

A Constituição de Condorcet[139] nunca foi posta à prova, nem sequer valia a pena fazê-lo; a que lhe foi preferida[140], obra de alguns bandidos, era mais agradável aos seus semelhantes, e esta falange, graças à revolução, não é pouco numerosa em França; de modo que, afinal de contas, das três constituições a que contou com menos fautores é a de hoje. Nas assembleias primárias que a aceitaram (assim nos dizem os governantes), vários membros escreveram ingenuamente: *aceite, à falta de melhor.* É efectivamente esta a disposição da Nação. Submeteu-se por can-

---

ainda mais curioso. *Esta constituição,* **diz o autor,** *não peca pelo que contém, mas pelo que lhe falta.* **Ibid., pág. 27.** Isto percebe-se: a constituição de 1791 seria perfeita, se estivesse feita: é o Apolo de Belvedere, menos a estatua e o pedestal. (nota de Joseph de Maistre)

* **O Senhor general de Montesquiou.** (nota de Joseph de Maistre).

[139] Condorcet fez parte do Comité da Constituição, tendo redigido durante a Convenção a *Constituição dos girondinos*, que pretendia terminar a revolução, extinguindo a sempre presente ameaça do povo de Paris de exercer directamente a soberania do povo pela força e canalizando a violência para vias legais, através da atribuição de um poder maior às assembleias primárias. Apresentada em Fevereiro de 1793, tornou-se objecto da discórdia entre girondinos e jacobinos e foi posta de lado após a insurreição de 2 de Junho de 1793, que deu aos jacobinos controlo sobre a Convenção.

[140] Alusão à Constituição jacobina do ano I (1793), que estabelecia o sufrágio universal masculino.

188 | CONSIDERAÇÕES SOBRE A FRANÇA

saço, pelo desespero de encontrar melhor: no excesso de males que a afligem, julgou respirar sob este frágil abrigo; preferiu um mau porto a um mar enfurecido; mas em nenhuma parte se viu convicção e consentimento de coração. Se esta Constituição fosse feita para os Franceses, a força invencível da experiência ganhar-lhe-ia todos os dias novos apoiantes; ora, sucede precisamente o contrário; cada minuto vê um novo desertor da democracia: é a apatia, é apenas o medo, que guardam o trono dos Pentarcas; e os viajantes mais argutos e mais desinteressados que percorreram a França dizem a uma só voz: *É uma República sem republicanos.*

Mas se, como tantas vezes se pregou aos reis, a força dos governos reside inteiramente no amor dos súbditos; se o medo apenas é um meio insuficiente para manter as soberanias, que devemos pensar da República francesa?

Abri os olhos e vereis que ela não *vive*. Que aparelho imenso! que multiplicidade de energias e de organismos administrativos! que tumulto de peças em conflito! Que enorme quantidade de homens empregues para reparar os estragos! Tudo anuncia que a natureza de nada serve nestes movimentos; porque a primeira característica das suas criações é o poder associado à economia dos meios; estando tudo no seu lugar, nada há de convulsões, nada de ondulações. Sendo todas as fricções suaves, não há

CAP. VII – SINAIS DE NULIDADE NO GOVERNO FRANCÊS | 189

nenhum estrondo e este silêncio é augusto. É assim que, na mecânica física, a perfeita ponderação, o equilíbrio e a simetria exacta das partes fazem com que mesmo da celeridade do movimento resulte para o olhar satisfeito as aparências do repouso.

Não existe nenhuma soberania em França. Tudo é artificial, tudo é violento, tudo anuncia que uma tal ordem de coisas não pode durar.

A filosofia moderna é simultaneamente demasiado material e demasiado presunçosa para se aperceber dos verdadeiros móbiles do mundo político. Uma das suas loucuras é acreditar que uma assembleia pode constituir uma nação; que uma constituição, isto é, o conjunto de leis fundamentais que convêm a uma nação e que devem dar-lhe uma ou outra forma de governo, é uma obra como qualquer outra, que exige apenas inteligência, conhecimentos e experiência; que se pode aprender a *profissão de constituinte*, e que os homens, nos dias em que pensarem no assunto, podem dizer aos outros homens: *façam-nos um governo*, como se diz a um trabalhador: *faz-nos uma bomba de incêndios ou uma máquina de fazer meias*.

Porém, é uma verdade tão certa no seu género como uma proposição matemática, que *nenhuma grande instituição resulta de uma deliberação*, e que as obras humanas são frágeis na proporção do número de homens que nela se envolvem, e do aparelho de ciência e raciocínio que nelas se empregam *a priori*.

190 | CONSIDERAÇÕES SOBRE A FRANÇA

Uma Constituição escrita, como a que hoje rege os franceses, é apenas um autómato, que possui somente as formas exteriores da vida. O homem, pelas suas próprias forças, é, quanto muito, um *Vaucanson*[141]; para ser um *Prometeu*, tem de subir ao céu; porque *o legislador não se pode fazer obedecer, nem pela força, nem pela razão*[142].

Pode-se dizer que, neste momento, a experiência está feita; porque é uma falta de atenção dizer-se que a Constituição francesa está em acção: toma-se a Constituição pelo governo. Este, que é um despotismo muito avançado, caminha até demais; mas a constituição existe apenas no papel. Cumpre-se e viola-se, de acordo com os interesses dos governantes: o povo não conta para nada, e os ultrajes que os seus senhores lhe dirigem sob as aparências de respeito são muito apropriados para o curar dos seus erros.

A vida de um governo é tão real como a vida de um homem: sente-se, ou, para melhor me exprimir, vê-se, e ninguém se pode enganar neste ponto. Supli-

---

[141] Nome atribuído aos autómatos da autoria de Jacques Vaucanson (1709-1782).

[142] **Rousseau, *Contrato Social*, liv. II, cap. VII. É necessário vigiar este homem sem descanso, e surpreendê-lo quando deixa escapar uma verdade por distracção.** (nota de Joseph de Maistre).

CAP. VII – SINAIS DE NULIDADE NO GOVERNO FRANCÊS | 191

co a todos os Franceses que têm consciência que se
interroguem sobre se não têm de exercer uma certa
violência sobre si próprios para dar aos seus representantes o título de *legisladores*; se este título de eti-
queta e de *cortesia* não lhes exige um esforço ligeiro,
quase semelhante ao que experimentavam quando,
sob o antigo regime, consentiam em chamar *Conde*
ou *Marquês* ao filho de um secretário do rei?

Toda a honra vem de Deus[143], disse o velho Homero;
ele fala exactamente como São Paulo, sem que porém
o tenha plagiado. O que existe de mais seguro, é que
não depende do homem comunicar essa característica
indefinível que se chama *dignidade*. Apenas à soberania pertence a honra por excelência; é dela, como
de um vasto reservatório, que se derrama, com número, peso e medida, sobre as ordens e os indivíduos.

Notei que um membro da legislatura, tendo falado
da sua CLASSE num escrito público, foi ridicula-
rizado pelos jornais, porque, com efeito, não existe
nenhuma *classe* em França, mas apenas o *poder* que
se sustenta na força. O povo vê no deputado apenas
a septingentésima quinquagésima[144] parte do poder

---

[143] **Ilíada, I, 178**. (nota de Joseph de Maistre).
[144] A Constituição do ano III estabelecia em 750 o número
total de deputados, como explica Darcel. Cf Cons. Sur la France,
pág. 130.

192 | CONSIDERAÇÕES SOBRE A FRANÇA

de fazer muito mal. O deputado respeitado não o é por ser *deputado*, mas por ser respeitável. Sem dúvida toda a gente gostaria de ter proferido o discurso do senhor Siméon[145] sobre o divórcio; mas toda a gente preferia que ele tivesse sido proferido no seio de uma assembleia legítima.

É talvez uma ilusão da minha parte, mas este *salário*, a que um neologismo vaidoso chama *compensação*, parece-me um preconceito contra a representação francesa. O inglês, livre pela lei e independente pela sua fortuna, que vem a Londres representar a nação *às suas custas*, tem qualquer coisa de imponente. Mas estes *legisladores* franceses que exigem cinco ou seis milhões de moedas tornesas à Nação para lhe fazerem leis; esses *fautores* de decretos que exercem a soberania nacional amealhando oito *miriagramas* de trigo por dia[146] e que vivem do seu poder legislativo; estes homens, na verdade, provocam fraca impressão no espírito; e quando se pergunta o que valem, a imaginação não se contém em avaliá-los em trigo.

---

[145] Como refere Darcel, Siméon foi um deputado no Conselho dos Ancião, que exprimiu opiniões contrárias à instituição do divórcio, em 1797. Cf Cons. Sur la France, pág. 131.

[146] A Constituição do ano III atribuía anualmente aos parlamentares 3000 miriagramas (correspondente a 30.000 kg) de trigo, como salário do seu trabalho, esclarece Darcel. Cf Cons. Sur la France, pág. 131.

CAP. VII – SINAIS DE NULIDADE NO GOVERNO FRANCÊS | 193

Em Inglaterra, as duas letras mágicas, M.P.[147], juntas ao nome mais desconhecido, exaltam-no subitamente e dão-lhe direito a importantes alianças. Em França, um homem que aspirasse a um lugar de deputado para determinar a seu favor um casamento desproporcionado faria provavelmente um mau cálculo. É que todo o representante, qualquer instrumento de uma soberania desproporcionada, excita apenas a curiosidade ou o terror.

Tal é a incrível fraqueza do poder humano, isolado, que não depende apenas de si próprio para consagrar uma veste. Quantos pareceres foram feitos ao corpo legislativo sobre a indumentária dos seus membros? Três ou quatro, mas sempre em vão. Vende-se nos países estrangeiros a representação destes belos uniformes, enquanto que em Paris a opinião os desprestigia.

Uma indumentária comum, contemporânea de um grande acontecimento, pode ser consagrada por esse acontecimento; então o carácter de que está marcado subtrai-a ao império da moda: enquanto as outras mudam, esta permanece a mesma, e está envolta de respeito para sempre. É geralmente desta maneira que se formam os trajes das grandes dignidades.

---

[147] Membro do Parlamento.

194 | CONSIDERAÇÕES SOBRE A FRANÇA

Para aquele que examina tudo, poderá ser interessante observar que, apesar de todos os adornos revolucionários, os únicos que têm alguma consistência são a faixa e o penacho, que pertenciam à cavalaria. Estes subsistem, apesar de murchos, como aquelas árvores a quem a seiva nutritiva é retirada e que não perderam ainda a sua beleza. O *funcionário público*, carregado destes sinais desonrados, não é muito dissemelhante do ladrão que brilha sob os trajes do homem que acaba de despojar.

Não sei se leio bem, mas leio em toda a parte a nulidade deste governo.

Atente-se a isto: são as conquistas dos franceses que iludem sobre a duração do seu governo; o brilho dos sucessos militares deslumbra mesmo os bons espíritos, que não se apercebem de início a que ponto estes sucessos são estranhos à estabilidade da República.

As nações são vencidas sob todos os governos possíveis; e as revoluções, exaltando os espíritos, trazem as vitórias. Os Franceses serão sempre bem sucedidos na guerra sob um governo firme que tenha a inteligência de os desprezar louvando-os, e de os lançar sobre o inimigo como balas, prometendo-lhes epitáfios nas revistas.

É sempre Robespierre que ganha as batalhas neste momento: é o seu despotismo de ferro que conduz os Franceses ao matadouro e à vitória. É prodiga-

CAP. VII – SINAIS DE NULIDADE NO GOVERNO FRANCÊS | 195

lizando ouro e sangue, é forçando-os sob todos os meios, que os senhores de França obtiveram os sucessos que testemunhamos. Uma nação superiormente brava, exaltada por um qualquer fanatismo e conduzida por generais hábeis, vencerá sempre, mas pagará caras as suas conquistas. Porventura a Constituição de 1793 recebeu um sinal de durabilidade pelos três anos de vitórias de que ocupa o centro? Porque razão aconteceria de outra forma com a Constituição de 1795? E porque é que a vitória lhe daria um carácter que não pôde imprimir à outra? Além disso, o carácter das nações é sempre o mesmo. Barclay, no séc. XVI, esboçou muito bem o dos Franceses, sob um ponto de vista militar: *é uma nação, diz ele, superiormente corajosa, apresentando uma massa invencível; mas quando ela invade, já não é a mesma. Daqui deriva que nunca conseguiu reter domínio sobre povos estrangeiros e que se é poderosa é para sua desgraça.*[148]

Ninguém sente melhor do que eu que as circunstâncias actuais são extraordinárias, e que é possível que não se veja nada daquilo que sempre se viu;

---

[148] ***Gens armis strenua, indomitae intra se molis; at ubi in exteros exundat, statim impetus sui oblita: eo modo nec diu externum imperium tenuit, et sola in exitium sui potens.*** **J. Barclay, *Icon. Animarum*, cap. III.** (nota de Joseph de Maistre).

mas esta questão é indiferente para o objecto desta obra. É-me suficiente indicar a falsidade deste raciocínio: *a república é vitoriosa, logo ela durará.* Se fosse absolutamente necessário profetizar, preferiria dizer: *a guerra fá-la viver, a paz fá-la-á morrer.*

O autor de um sistema de física rejubilaria sem dúvida, se tivesse a seu favor todos os factos da natureza, como posso citar em apoio das minhas reflexões todos os factos da história. Examino de boa fé as obras que ela nos fornece, e nada vejo em favor do sistema quimérico de deliberação e de construção política pelos raciocínios anteriores. Poder-se-ia ainda citar a América; mas já respondi em avanço, dizendo que não é ainda tempo de a citar. Juntarei porém um pequeno número de reflexões.

1.º A América inglesa tinha um rei, mas não o via: o esplendor da monarquia era-lhe estranho, e o soberano era para ela como que uma espécie de potência sobrenatural que não está ao alcance dos sentidos.

2.º Possuía o elemento democrático que existe na constituição da metrópole.

3.º Possuía demasiados daqueles elementos que lhe foram levados por um grande número dos seus primeiros colonos, nascidos no meio de conflitos religiosos e políticos e, quase todos, espíritos republicanos.

4.º Com estes elementos, sob o plano dos três poderes que eles tinham recebido dos seus anteces-

CAP. VII – SINAIS DE NULIDADE NO GOVERNO FRANCÊS | 197

sores, os Americanos construíram, não fizeram *tábua rasa*, como os Franceses.

Mas tudo o que há de verdadeiramente novo na sua constituição, tudo o que resulta da deliberação comum, é a coisa mais frágil do mundo; não saberíamos reunir mais sintomas de fraqueza e de caducidade.

Não só não acredito na estabilidade do governo americano, como as colónias da América inglesa não me inspiram nenhuma confiança. As cidades, por exemplo, animadas por uma inveja muito pouco respeitável, não conseguiram convir num local onde instalar o Congresso; nenhuma quis ceder essa honra à outra. Em consequência, decidiu-se construir uma cidade nova que será a sede do governo. Escolheu-se o local mais vantajoso, na margem de um grande rio; decidiu-se que a cidade se chamará *Washington*; a localização de todos os edifícios públicos está marcada; pôs-se mãos à obra e os planos da *cidade-rainha* circulam já por toda a Europa. É bem possível construir uma cidade: não obstante, há demasiada deliberação, demasiada *humanidade* neste assunto, e poder-se-ia apostar mil contra um que a cidade não será construída, ou que não se chamará *Washington*, ou que o Congresso não residirá aí.

CAPÍTULO VIII

Da antiga Constituição francesa
Digressão sobre o Rei e a sua declaração
aos franceses, do mês de Julho de 1795[149]

Foram sustentadas três teses diferentes sobre a antiga Constituição francesa: uns pretenderam que a nação não tinha nenhuma Constituição; outros sustentaram o contrário; e outros enfim, como sucede sempre nas questões importantes, tomaram uma opinião intermédia: sustentaram que os Franceses tinham verdadeiramente uma Constituição, mas que esta não era em nada cumprida.

A primeira opinião é insustentável; as outras duas não se contradizem verdadeiramente. O erro daqueles que julgaram que a França não tinha Constituição deriva de um grande erro sobre o poder humano, sobre a deliberação anterior e as leis escritas.

Se um homem de boa fé, apenas com o bom senso e a honestidade, perguntar o que era a antiga

---

[149] Declaração de Verona, dirigida pelo pretendente Luís XVIII ao povo francês.

200 | CONSIDERAÇÕES SOBRE A FRANÇA

constituição francesa, poder-se-á responder-lhe afoitamente:

"É o que se sentia, quando se estava em França; e é esta mistura de liberdade e de autoridade, de leis e de opiniões, que fazia crer ao estrangeiro, súbdito de uma monarquia e viajando em França, que ele vivia sob um governo que não era o seu".

Mas se se pretende aprofundar a questão, descobrir-se-á, nas grandes obras do direito público francês, características e leis que elevam a França acima de todas as monarquias conhecidas.

Uma característica particular desta monarquia é que ela possui um certo elemento teocrático que lhe é particular, e que lhe deu catorze séculos de duração: nada há de mais nacional que este elemento. Os sacerdotes, sucessores dos Druidas neste aspecto, não fizeram se não aperfeiçoá-lo.

Não creio que nenhuma outra monarquia europeia tenha empregue, para o bem do Estado, um maior número de pontífices no governo civil. Recuo o meu pensamento desde aquele pacífico Fleury[150], até aos santos Ouen, Léger[151] e tantos outros tão

---

[150] Cardeal de Fleury (1653-1743) foi ministro de Estado sob Luís XV, refere Darcel. Cf Cons. Sur la France, pág. 136.

[151] Os santos Ouen e Léger foram respectivamente bispo de Rouen e Chanceler de Dagoberto I, e bispo de Autun e conselheiro da santa regente Batilda, durante a menoridade de Clotário III, esclarece Darcel. Cf Cons. Sur la France, pág. 136.

CAP. VIII – DA ANTIGA CONSTITUIÇÃO FRANCESA ... | 201

distintos no plano político, na noite do seu século; verdadeiros Orfeus de França, que amansaram os seus tigres e os conduziram pelas trelas: duvido que se possa mostrar noutro local uma semelhante sucessão. Mas mesmo quando o sacerdócio era em França uma das três colunas que sustentavam o trono, e desempenhava um papel tão importante nas reuniões da nação, nos tribunais, no ministério e nas embaixadas, não se apercebia, ou percebia-se pouco, a sua influência na administração civil; e mesmo quando um padre era primeiro-ministro, não existia em França um *governo de sacerdotes*.

Todas as influências estavam bem equilibradas e todos estavam no seu lugar. Sob este ponto de vista, é Inglaterra que mais se assemelha a França. Se ela alguma vez banisse da sua língua política as palavras: *Church and state*, o seu governo cairia como o da sua rival.

Era moda em França (porque tudo é moda neste país) dizer que então se era escravo. Mas porque é que se encontra na língua francesa a palavra *cidadão*, antes mesmo que a revolução se apoderasse dessa palavra para a desonrar, palavra que não pode ser traduzida para outras línguas europeias? Racine filho dirigia estes belos versos ao rei de França, em nome da sua cidade de Paris:

Sob um rei cidadão, todo o cidadão é rei.

202 | CONSIDERAÇÕES SOBRE A FRANÇA

Para louvar o patriotismo de um Francês, dizia--se: *é um grande cidadão*. Tentaríamos de forma vã traduzir esta expressão para as nossas outras línguas: *gross burger* em alemão[152], *gran cittadino* em italiano, etc, não seriam toleráveis[153]. Mas deixemos estas generalidades.

Vários membros da antiga magistratura reuniram e desenvolveram os princípios da Monarquia francesa, num livro interessante, que parece merecer toda a confiança dos Franceses[154].

---

[152] ***Burger: verbum humile apud nos et ignobile. J. A. Ernesti, in Dedicat. Op. Ciceronis, Halae, 1777, pág. 79.*** (nota de Joseph de Maistre).

"'"Burger": palavra popular e sem tradição, entre nós."

[153] **Rousseau fez uma nota absurda sobre esta palavra *cidadão*, no seu *Contrato Social*, liv. I, cap. VI. Ele acusa, sem se envergonhar, um homem muito sábio de ter feito sobre este ponto um *grave equívoco*; e ele próprio, Jean-Jacques, faz graves equívocos a cada linha; mostra uma igual ignorância em termos de línguas, metafísica e história.** (nota de Joseph de Maistre).

[154] Refere-se ao livro *Développement des príncipes fondamentaux de la monarchie française*, editado em 1793, de autor anónimo, mas que se julga ter sido redigido por um alto magistrado francês, o Presidente Jannon, e em que se descrevia as bases da constituição tradicional da monarquia francesa. Esta obra foi alvo de crítica de muitos realistas, por atribuir excessivo poder aos magistrados, em detrimento do Rei e dos Estados Gerais. O conde d'Avaray, valido do futuro Luís XVIII, escreveu a este propósito a Joseph

CAP. VIII – DA ANTIGA CONSTITUIÇÃO FRANCESA ... | 203

Estes magistrados começaram, como convém, pela prerrogativa real, e certamente nada há de mais magnífico.

"A Constituição atribui ao Rei o poder legislativo; dele emana toda a jurisdição. Ele tem o direito de fazer justiça, de mandar fazer justiça através dos seus oficiais, de atribuir graças, atribuir privilégios e recompensas; dispor de cargos, e conferir nobreza; convocar, dissolver as assembleias da Nação, quando o seu juízo assim o aconselhar; fazer a paz e a guerra, e convocar os exércitos", pág. 28.

Eis, sem dúvida, grandes prerrogativas; mas vejamos o que a constituição francesa colocou no outro prato da balança.

"O Rei governa apenas pela lei e *não tem o poder de fazer tudo de acordo com os seus apetites"*, pág. 364.

"Os reis reconheceram as leis, seguindo a expressão tornada célebre, na *feliz impossibilidade de as violar*; são as *leis do reino*, diferentes das leis de circunstância ou não constitucionais, chamadas *"leis do Rei""*, pág. 29 e 30.

"Assim, por exemplo, a sucessão à coroa é de primogenitura masculina, de uma forma obrigatória".

de Maistre, que se comprometeu a escrever o post-scriptum que consta nesta tradução. Cf. DAUDET, Ernest – *Joseph de Maistre et Blacas*, Paris, Librairie Plon, 1908, pág. 4 e seguintes.

204 | CONSIDERAÇÕES SOBRE A FRANÇA

"Os casamentos dos príncipes de sangue, feitos sem autoridade do rei, são nulos. Se a dinastia reinante vier a extinguir-se, é a nação que dá a si própria um rei, etc", pág. 263, etc.

"Os reis, como legisladores supremos, falam sempre afirmativamente, publicando as suas leis. Porém, há também o consentimento do povo; mas este consentimento é apenas a expressão do juramento de reconhecimento e de aceitação da nação", pág. 271[155].

"Três ordens, três câmaras, três deliberações: é assim que a nação é representada. O resultado das deliberações, se for unânime, constitui a súplica dos Estados-Gerais", pág. 332.

"As leis do reino só podem ser feitas em assembleia-geral de todo o reino, com o acordo comum das gentes dos três estados. O príncipe não pode derrogar estas leis; e se ousa tocar-lhes, tudo o que

---

[155] **Se se examinar atentamente esta intervenção da Nação, encontrar-se-á *menos* que um poder co-legislativo, e *mais* que um simples consentimento. É um exemplo destas coisas que é necessário deixar numa certa obscuridade, e que não podem ser sujeitas a regulamentação humana: é a parte *mais divina* das constituições, se me é permitida a expressão. Diz-se frequentemente: *não há nada como fazer uma lei para saber com que se conta.* Nem sempre: *há casos reservados.*** (nota de Joseph de Maistre).

CAP. VIII – DA ANTIGA CONSTITUIÇÃO FRANCESA ... | 205

fez poderá ser anulado pelo seu sucessor", pág. 292 e 293.

"A necessidade de consentimento da nação para o estabelecimento de impostos é uma verdade incontestada reconhecida pelos reis", pág. 302.

"O voto de duas ordens não pode obrigar a terceira, se não é do seu consentimento", pág. 302.

"O consentimento dos Estados-Gerais é necessário para a validade de toda a alienação perpétua do domínio, pág. 303. E esta mesma vigilância é-lhes recomendada para impedir qualquer desmembramento parcial do reino", pág. 304.

"A justiça é administrada em nome do rei, por magistrados que examinam as leis, e que vêem se elas são compatíveis com as leis fundamentais", pág. 343. Uma parte do seu dever é resistir à vontade perturbada do soberano. É sobre este princípio que o famoso chanceler de l'Hospital, dirigindo a palavra ao Parlamento de Paris, dizia: *Os magistrados não se devem deixar intimidar pela ira passageira dos soberanos nem pelo medo de desgraças, mas ter sempre presente o juramento de obedecer às leis gerais do reino, que são as verdadeiras ordens dos reis*", pág. 345.

Vê-se Luís XI, impedido pela dupla recusa do seu parlamento, desistir de uma alienação inconstitucional, pág. 343.

Vê-se Luís XIV reconhecer solenemente o direito de livre verificação, pág. 347, e ordenar à magistra-

206 | CONSIDERAÇÕES SOBRE A FRANÇA

tura que *lhe desobedeçam, sob pena de desobediência*, se ele lhes dirigisse ordens contrárias à lei, pág. 345. Esta ordem não era um jogo de palavras: o Rei proíbe que se desobedeça ao homem; ele não tem nenhum inimigo maior.

Este soberbo monarca ordena ainda aos seus magistrados que tomem como nulas todas as *lettres- -pattentes*[156] com alteração dos juízes ou comissões para o julgamento de causas civis ou criminais, e *mesmo que castiguem os portadores destas carta*s.

Os magistrados exclamam: *Terra feliz onde a servidão é desconhecida!* pág. 361. E é um padre, famoso pela sua piedade e ciência (Fleury[157]) que escreve, expondo o direito público em França: *Em França, todos os particulares são livres; não existem escravos: liberdade de domicílio, de viagens, comércio, casamento, escolha de profissão, aquisição, disposição dos bens, sucessões*, pág. 362.

"O poder militar não deve nunca interpor-se na administração civil." *Os governadores de províncias nada*

---

[156] As *lettres-pattentes* eram as cartas marcadas com o selo real e que não eram fechadas, permanecendo visíveis aos olhos de todos; usadas, entre outras funções, para a atribuição de títulos de nobreza e para atribuição de perdões reais.

[157] Claude Fleury (1640-1723), segundo Darcel, foi um sacerdote da Igreja Galicana, confessor de Luís XV, membro da Academia Francesa e autor de *Droit Public de France* (1769). Cf Cons. Sur la France, pág. 139.

CAP. VIII – DA ANTIGA CONSTITUIÇÃO FRANCESA ... | 207

têm a ver com as armas; e só podem servir-se delas contra os inimigos do Estado, e não contra o cidadão que está sujeito à justiça do Estado, pág. 364.

"Os magistrados são inamovíveis e estes importantes cargos só podem vagar pela morte do seu titular, a demissão voluntária ou a infracção cometida no exercício das suas funções e julgada[158], pág. 356.

"O Rei, nas questões que lhe dizem respeito, litiga nos tribunais contra os seus súbditos. Já se viu ser condenado a pagar o dízimo dos frutos do seu jardim, etc", pág. 367, etc.

Se os Franceses reflectirem de boa fé no silêncio das suas paixões, sentirão que isto é suficiente, e *talvez até mais que suficiente*, para uma nação que é

---

[158] **Estariam a colocar a questão acertada, quando clamavam tão fortemente contra a venalidade dos cargos de magistratura? A venalidade deve ser considerada um meio de hereditariedade; e o problema reduz-se a saber se, num país como França, ou como esta tem sido nos últimos dois ou três séculos, a justiça poderia ser melhor ordenada por outros que não magistrados hereditários? A questão é muito difícil de resolver; a enumeração dos inconvenientes é um argumento enganador. O que existe de mal numa constituição, aquilo que a deve mesmo destruir, faz porém parte dela, tal como o que tem de melhor. Remeto para uma passagem de Cícero: *Nimia potestas est tribunorum, quis negat*, etc. *De leg.*, III, 10.** (nota de Joseph de Maistre).

"Demasiado poder é o dos tribunos, quem o nega, etc".

208 | CONSIDERAÇÕES SOBRE A FRANÇA

demasiado nobre para ser escrava e demasiado fogosa para ser livre.

Dir-se-á que estas velhas leis nunca eram executadas? Nesse caso, era culpa dos Franceses, e não mais existe para eles esperança de liberdade. Porque quando um povo não sabe tirar partido das suas leis fundamentais, é inútil que procure outras: é uma marca de que não foi feito para a liberdade e que está irremediavelmente corrompido.

Mas afastando estas ideias sinistras, ditarei sobre a excelência da constituição francesa um testemunho irrecusável sob todos os pontos de vista: o de um grande político e republicano ardente; é o ponto de vista de Maquiavel.

Existiram, dizia, *muitos reis e muito poucos bons reis: refiro-me aos soberanos absolutos, entre os quais não se deve nunca contar com os reis do Egipto, uma vez que este país, nos tempos mais recuados, se governava por leis, nem os de Esparta, nem os reis de França, nos nossos tempos modernos, sendo o governo deste país, segundo sabemos, o mais temperado pelas leis*[159].

O reino de França, diz numa outra ocasião, *é feliz e tranquilo, porque o rei está sujeito a uma infinidade de leis que fazem a segurança dos povos. Aquele que constituiu este*

---

[159] **Disc. sopr. Tit-Liv., liv. I, cap. LVIII.** (nota de Joseph de Maistre).

CAP. VIII – DA ANTIGA CONSTITUIÇÃO FRANCESA ... | 209

governo[160] *quis que os reis dispusessem à sua vontade das armas e dos tesouros; mas, para o resto, estão sujeitos ao império das leis*[161].

Quem não se admirará ao ver sob que ponto de vista este poderoso intelecto via as leis fundamentais da monarquia francesa, há três séculos atrás? Os Franceses, neste ponto, foram corrompidos pelos Ingleses. Estes disseram-lhes que a França era escrava, como lhes disseram que Shakespeare valia mais que Racine; e os Franceses acreditaram. Chegou ao extremo do honesto juiz Blackstone colocar na mesma linha, no final dos seus *Commentaires*, a França e a Turquia: sobre o que é preciso dizer como Montaigne: *não se poderá ridicularizar demais a impudência deste emparelhamento.*

Mas estes Ingleses, quando fizeram a sua revolução, pelo menos a que aconteceu, suprimiram a Realeza ou a Câmara dos Pares para darem a si próprios a liberdade? De maneira nenhuma. Mas da sua antiga Constituição posta em prática, retiraram a declaração dos seus direitos[162].

[160] **Gostaria muito de o conhecer.** (nota de Joseph de Maistre).

[161] **Disc. I, XVI.** (nota de Joseph de Maistre).

[162] Maistre refere-se aqui à Revolução Inglesa de 1688, no seguimento da qual foi declarada a *Bill of Rights,* texto em que eram lembradas as liberdades e os direitos fundamentais, a superioridade da lei sobre o rei e acautelava a questão de uma possível sucessão católica.

210 | CONSIDERAÇÕES SOBRE A FRANÇA

Não há nenhuma nação cristã na Europa que não seja de direito *livre*, ou *bastante livre*. Não há nenhuma que não tenha nos fundamentos mais puros da sua legislação todos os elementos da constituição que lhe convêm. Mas é sobretudo preciso evitar o enorme erro de acreditar que a liberdade é algo de absoluto, não susceptível de mais ou menos. Lembremo-nos dos dois tonéis de Júpiter; em vez do bem e do mal, coloquemos o repouso e a liberdade. Júpiter faz a sorte de cada nação: *mais de um e menos de outro*. O homem nada intervém nesta distribuição.

Um outro erro funesto é o de agarrar-se demasiado rigidamente às obras antigas. É necessário sem dúvida respeitá-las; mas é preciso sobretudo considerar aquilo que os jurisconsultos chamaram o *último estado*. Toda a constituição livre é, por sua natureza, variável, e variável na proporção em que é livre[163]; querer reconduzi-la aos seus rudimentos, sem nada suprimir, é um empreendimento louco.

Tudo se reúne para estabelecer que os Franceses quiseram ultrapassar o poder humano; que os seus esforços desordenados os conduzem à escravidão; que têm apenas necessidade de conhecer aquilo que

---

[163] *All the human governments, particularly those of mixed frame, are in continual fluctuation.* **Hume, *Hist. d'Angl., Charles Ier*, cap. L.** (nota de Joseph de Maistre).

CAP. VIII – DA ANTIGA CONSTITUIÇÃO FRANCESA ... | 211

possuem, e que são feitos para um grau maior de liberdade do que aquele de que gozaram nos últimos sete anos (o que não é de todo claro), e que têm nas suas mãos, em todos os fundamentos da sua história e da sua legislação, tudo o que é necessário para se honrarem e se tornarem a inveja da Europa[164].

[164] **Um homem cuja pessoa e opiniões muito respeito*, e que não é do meu parecer sobre a antiga Constituição francesa, teve o ensejo de me desenvolver uma parte das suas ideias numa carta interessante que lhe agradeço infinitamente. Ele objecta, entre outras coisas, que** *o livro dos magistrados franceses, citado neste capítulo, foi queimado sob os reinados de Luís XIV e de Luís XV, como sendo atentatório das leis fundamentais da Monarquia e dos direitos do Monarca.* **– Acredito: como o livro de M. Delolme foi queimado em Londres (talvez com o autor) sob o reinado de Henrique VIII ou da sua rude filha**

Quando se toma um partido nestas grandes questões, com pleno conhecimento de causa, muda-se raramente de opinião. Desconfio porém dos meus preconceitos tanto quanto devo; mas estou seguro da minha boa-fé. Poder-se-á ver que não citei neste capítulo nenhuma autoridade contemporânea, por medo que mesmo os mais respeitáveis parecessem suspeitos. Quanto aos magistrados autores do *Développement des principes fondamentaux,* **etc, se me servi da sua obra, é porque não gosto de fazer o que já está feito e não tendo estes senhores citado outra coisa se não os fundamentos, era precisamente o que me faltava.**

* O falecido senhor Mallet du Pan. Ilustre jornalista de origem suíça, que se opôs à Revolução Francesa, autor de vários

212 | CONSIDERAÇÕES SOBRE A FRANÇA

Mas se os Franceses são feitos para a monarquia, e se se trata apenas de assentar a monarquia nas suas verdadeiras bases, que erro, que fatalidade, que prejuízo funesto poderia afastá-los do seu rei legítimo?

A sucessão hereditária, numa monarquia, é algo de tão precioso que qualquer outra consideração deve submeter-se a esta. O maior crime que pode cometer um Francês realista é ver em Luís XVIII outra coisa que não o seu Rei, ou diminuir a protecção de que importa rodeá-lo, discutindo de uma maneira desfavorável as suas qualidades de homem ou as suas acções. Seria muito vil e culpável o Francês que não corasse de voltar a tempos passados para aí procurar erros verdadeiros ou falsos! O acesso ao trono é um novo nascimento: só se conta a partir desse momento.

Se é que existe um lugar comum em moral, é o de que o poder e as grandezas corrompem os homens e que os melhores reis foram aqueles que a adversidade testou. Porquê então se hão de privar os Franceses da vantagem de ser governados por um príncipe formado na terrível escola da desgraça? A

---

libelos. Era amigo pessoal de Joseph de Maistre, tendo sido a seu pedido que Maistre escreveu as *Considérations sur la France.* Jacques Mallet du Pan foi também autor do Prefácio dos Editores.

CAP. VIII – DA ANTIGA CONSTITUIÇÃO FRANCESA ... | 213

quantidade de reflexões que os seis anos que acabam de passar lhe devem fornecer! como ele se afastou da embriaguez do poder! como deve estar disposto a tudo empreender para governar gloriosamente! de que santa ambição deve estar penetrado! Que príncipe no universo poderia ter mais motivos, maior desejo, mais meios de cicatrizar as feridas da França! Os Franceses não experimentam há tempo suficiente o sangue dos Capetos? Sabem, por uma experiência de oito séculos, que o seu sangue é doce; porquê mudar? O chefe desta grande família mostrou-se na sua declaração leal, generoso, profundamente penetrado de verdades religiosas; ninguém lhe disputará a sua inteligência natural e muitos conhecimentos adquiridos. Existiu um tempo, talvez, em que era bom que o rei não soubesse ortografia; mas no século em que se acredita nos livros, um rei letrado é uma vantagem. O que é mais importante é que não se pode supor nele nenhuma das ideias exageradas capazes de alarmar os Franceses. Quem se poderá esquecer que ele desagradou em Coblença[165]? É um grande título para ele. Na sua declaração, ele pronunciou a palavra *liberdade*; e se

---

[165] Um dos locais onde se concentraram os emigrados franceses defensores da Monarquia, sob a liderança primeiro do conde de Artois, depois do Conde da Provença, futuro Luís XVIII e irmão de Luís XVI.

214 | CONSIDERAÇÕES SOBRE A FRANÇA

alguém objectar que esta palavra está apresentada sem relevância, pode-se responder-lhe que um rei não deve falar a língua das revoluções. Um discurso solene que dirige ao seu povo deve distinguir-se por uma certa sobriedade de projectos e de expressões, que nada tem que ver com a precipitação de um particular. Quando o rei de França diz: *Que a constituição francesa submeta as leis às formas que consagrou, e o próprio soberano à observância das leis, a fim de precaver a sabedoria do legislador contra as ciladas da sedução, e de defender a liberdade dos súbditos contra os abusos da autoridade,* ele disse tudo, porque prometeu *a liberdade pela constituição.* O Rei não deve falar como um orador da tribuna parisiense. Se descobriu que é um erro falar da liberdade como algo de absoluto, que ela é, pelo contrário, algo susceptível de mais e menos e que a arte do legislador não é tornar o povo livre, mas suficientemente livre, descobriu uma grande verdade e devemos louvá-lo pela sua moderação em vez de o censurar. Um célebre Romano, no momento em que dava a liberdade ao povo mais feito para ela, e o que era livre há mais tempo, dizia ao seu povo: *Libertate modice utendum*[166].

---

[166] **Tito-Lívio, *Histoire*, XXXIV, 49**. Darcel refere que a citação correcta seria *Libertate modicum utantur* – "Há que usar moderadamente da liberdade". Cf Cons. Sur la France, pág. 145.

CAP. VIII – DA ANTIGA CONSTITUIÇÃO FRANCESA ... | 215

O que teria ele dito aos Franceses? Seguramente o Rei, falando sobriamente da liberdade, pensava menos nos seus interesses que nos dos Franceses. *A constituição,* diz ainda o Rei, *prescreve condições para o estabelecimento de impostos, para assegurar ao povo que os tributos que paga são necessários à saúde de França.* O Rei não tem pois o direito de os impor arbitrariamente e basta esta promessa para excluir o despotismo. *Ela confia aos primeiros corpos de magistrados o depósito das leis, a fim de que eles velem pela sua execução e que esclareçam a religião do monarca se ela estiver enganada.* Eis o depósito das leis entregue aos magistrados superiores; eis o direito de *remontrance*[167] consagrado. Ora, em todo o lugar onde um corpo de grandes magistrados hereditários, ou pelo menos inamovíveis, têm, pela Constituição, o direito de fazer advertências ao Monarca, de esclarecer a sua religião ou de queixar-se de abusos, não existe o despotismo.

[167] As *remontrances* eram as reivindicações políticas apresentadas ao Rei pelos *parlements* (tribunais independentes franceses). Estas enfatizavam a distinção entre Rei e Estado, dando um conteúdo efectivo à limitação do poder real pelas leis fundamentais do reino e contribuindo para a limitação do poder arbitrário do Rei; reforçavam a ideia de um povo com direitos e interesses que tinham de ser protegidos; feitas em nome da nação, contribuíam para criar um sentimento de unidade do povo francês. Estas três funções contribuíram para o fortalecimento da ideia da nação como base da legitimidade do Estado e como plataforma para reivindicações face ao poder político.

Ela coloca as leis fundamentais sob a salvaguarda do rei e das três ordens, a fim de prevenir as revoluções, a maior das calamidades que pode afligir os povos.

Há pois uma Constituição, porque a Constituição não é senão a recolha das leis fundamentais; e o Rei não pode tocar estas leis. Se ele o tentasse, as três ordens teriam sobre ele o *veto*, como cada uma delas tem sobre as outras duas.

E enganar-se-iam seguramente, se acusassem o rei de ter falado muito vagamente; porque esta vagueza é precisamente a prova de uma elevada sabedoria. O rei teria agido muito imprudentemente, se tivesse colocado fronteiras que o impedissem de avançar ou de recuar: reservando uma certa latitude de execução, estava inspirado. Os Franceses concordarão um dia: eles reconhecerão que o rei prometeu tudo o que podia prometer.

Fez bem Carlos II ao ter aderido às proposições dos escoceses? Diziam-lhe, como diziam a Luís XVIII: "É preciso adequarmo-nos ao tempo; é preciso sujeitarmo-nos: *"É uma loucura sacrificar uma coroa pela manutenção das hierarquias.*" Ele acreditou e fez muito mal. O rei de França é mais sábio: como podem os Franceses obstinarem-se em não lhe fazer justiça?

Se este Príncipe tivesse feito a loucura de propor aos Franceses uma nova constituição, seria então que se poderia acusá-lo de uma vaga perfídia; porque neste caso ele não teria dito nada: se ele tivesse

CAP. VIII – DA ANTIGA CONSTITUIÇÃO FRANCESA ... | 217

proposto uma obra sua, haveria um único grito contra ele e esse grito seria bem fundado. Com que direito, de facto, se faria ele obedecer depois de abandonar as leis antigas? O arbitrário não é um domínio comum ao qual toda a gente tem igual direito? Não existe um homem jovem em França que não mostrasse os defeitos da nova obra e propusesse correcções. Examine-se bem a questão e ver--se-á que o rei, depois de abandonar a antiga constituição, teria apenas uma coisa a dizer: *Farei o que quiserem.* É nesta frase indecente e absurda que se teriam reduzido os mais belos discursos do Rei, traduzidos em linguagem clara. Pensa-se nisso seriamente, quando se censura o Rei por não ter proposto aos Franceses uma nova constituição? Desde que a insurreição iniciou as terríveis desgraças da sua família, viu três constituições aceites, juradas e consagradas solenemente. As duas primeiras duraram apenas um instante e a terceira apenas existe de nome. O rei deveria propor cinco ou seis aos seus súbditos para lhes dar a escolha? Por certo! as três tentativas foram-lhe demasiadamente caras para que algum homem sensato lhe proponha uma outra. Mas esta nova proposta, que seria uma loucura da parte de um particular, seria, da parte do Rei, uma loucura e um crime.

De qualquer maneira que se encare, o Rei não podia contentar a todos. Existiam inconvenientes em

218 | CONSIDERAÇÕES SOBRE A FRANÇA

não publicar nenhuma declaração; havia inconvenientes em publicá-la tal como a fez; existiam também inconvenientes em fazê-lo de outra forma. Na dúvida, ele fez bem em agarrar-se aos princípios e em não chocar as paixões e os preconceitos, dizendo *que a constituição francesa seria para ele a arca da aliança*. Se os Franceses examinarem de sangue frio esta declaração, ou muito me engano ou encontrarão nela razão para respeitar o Rei. Nas circunstâncias terríveis em que se encontrou, nada era mais sedutor que a tentação de transigir com os princípios para reconquistar o Trono. Tanta gente lhe disse e tanta gente acreditava que o Rei se perdia, obstinando-se nas velhas ideias! Parecia tão natural escutar as propostas de acomodação! Era sobretudo tão ajuizado concordar com estas propostas, mantendo o pensamento reservado de voltar à antiga prerrogativa, sem faltar à lealdade e apoiando-se unicamente na força das coisas; que há muita franqueza, muita nobreza, muita coragem em dizer aos Franceses: "Eu não posso tornar-vos felizes; eu não posso, eu não devo reinar senão pela constituição; eu não tocarei na arca do Senhor; eu espero que volteis à razão; eu espero que entendais esta verdade tão simples, tão evidente, e que porém vos obstinais em recusar; isto é, *que com a mesma constituição, vos posso dar um regime totalmente diferente.*"

Oh! como o rei se mostrou sábio dizendo aos Franceses: *Que a sua antiga e sábia Constituição era para*

CAP. VIII – DA ANTIGA CONSTITUIÇÃO FRANCESA ... | 219

ele a Arca da Aliança e que lhe era proibido lançar-lhe uma mão temerária; ele junta porém: *Que a quer praticar em toda a sua pureza, que o tempo tinha corrompido, e com todo o vigor que o tempo enfraqueceu.* Ainda outra vez, estas palavras são inspiradas; porque se lê aqui claramente o que é o poder do homem, separado do que pertence apenas a Deus. Não há nesta declaração, muito pouco meditada, uma só palavra que não deva recomendar o Rei aos Franceses.

Seria de desejar que esta nação impetuosa, que só sabe voltar à verdade depois de ter esgotado o erro, quisesse enfim perceber esta verdade bem palpável: é que foi enganada e é vítima de um pequeno número de homens que se interpõem entre ela e o seu legítimo soberano, de quem ela só pode esperar mercês. Ponhamos as coisas no seu pior: *O rei deixará cair a espada da justiça sobre alguns parricidas; punirá, através de humilhações, alguns nobres que desagradaram*: eh! Que te importa a ti, bom trabalhador, artesão laborioso, cidadão pacífico, quem quer que tu sejas, a quem o céu deu a obscuridade e a felicidade! Pensa antes que tu formas, com os teus semelhantes, quase toda a Nação; e que o povo inteiro só sofre todos os males da anarquia porque uma mão-cheia de miseráveis lhe infundem medo do rei, que eles próprios temem.

Jamais um povo terá deixado escapar uma mais bela ocasião, se continua a rejeitar o seu Rei, porque se expõe a ser dominado pela força, em vez de coroar ele próprio o seu soberano legítimo. Que mérito teria junto deste príncipe! Por que esforços de zelo e de amor não se esforçaria o rei por recompensar a fidelidade do seu povo! Sempre o juramento nacional estaria sob os seus olhos para o animar aos maiores empreendimentos, aos trabalhos obstinados que a regeneração da França exige do seu chefe e todos os momentos da sua vida seriam consagrados à felicidade dos Franceses.

Mas se eles se obstinarem em recusar o seu Rei, sabem qual será a sua sorte? Os Franceses estão hoje suficientemente amadurecidos para entender uma verdade dura: é que no meio dos acessos da sua liberdade fanática, o observador indiferente é muitas vezes tentado a gritar, como Tibério: *O homines ad servitutem natos*[168]! Existem, como se sabe, muitas espécies de coragem, e seguramente o Francês não as possui a todas. Intrépido perante o inimigo, não o é perante a autoridade, mesmo a mais injusta. Nada iguala a paciência do povo que se diz *livre*. Em cinco anos, fizeram-lhe aceitar três constituições e o governo revolucionário. Os tiranos sucederam-se, e sempre o povo obedeceu. Jamais se viu juntar esforços para sair da sua nulidade. Os seus senhores

---

[168] "Ó homens nascidos para escravos!".

CAP. VIII – DA ANTIGA CONSTITUIÇÃO FRANCESA ... | 221

foram até ao ponto de o destruir, escarnecendo dele. Eles disseram-lhe: *Vós julgais não querer esta lei, mas estai seguros que a quereis. Se ousais recusá-la, atiraremos sobre vós à metralhada, para vos castigar de não querer aquilo que quereis.* – E fizeram-no.

De nada serve que a nação francesa não esteja ainda sob o jugo assustador de Robespierre. É certo! ela pode bem felicitar-se, mas não glorificar-se de ter escapado a essa tirania; e não sei se os dias da sua servidão foram mais vergonhosos para ela que estes da sua libertação.

A história do 9 Termidor não é longa: *Alguns celerados fizeram perecer outros celerados.*

E mesmo neste momento, um pequeno número de facciosos não fala ainda de colocar um d'Orléans no trono[169]? Nada mais falta aos Franceses que o opróbrio de assistir pacientemente à colocação num pedestal do filho de um supliciado, em vez do irmão de um mártir; e porém, ninguém lhes promete que não suportarão essa humilhação se não se apressarem a voltar ao seu legítimo soberano. Eles deram tais

---

[169] Maistre refere-se aqui ao filho de Luís-Filipe d'Orléans, membro da família real francesa que defendeu activamente a Revolução, tendo sido apelidado Philippe Egalité, mas que acabou guilhotinado durante o Terror. O seu filho Luís Filipe I foi rei de França entre 1830 e 1848.

222 | CONSIDERAÇÕES SOBRE A FRANÇA

provas de paciência que não é algum tipo de degradação que os faz temer. Grande lição, não digo para
o povo francês que, mais que todos os povos da
terra, aceitará sempre os seus senhores e não os
escolherá nunca, mas para o pequeno número de
bons Franceses que as circunstâncias tornam influen-
tes, para nada negligenciarem em arrancar a nação
destas flutuações aviltantes, lançando-a nos braços
do seu Rei. É um homem, sem dúvida, mas haverá
esperança de ser governado por um anjo? Ele é um
homem, mas estamos hoje seguros que ele o sabe,
e isso é muito. Se a vontade dos Franceses o recolocar
no Trono dos seus pais, ele casaria com a sua nação,
que tudo descobriria nele: bondade, justiça, amor,
reconhecimento e talentos incontestáveis, amadurecidos na escola severa da desgraça[170].

Os Franceses pareceram prestar pouca atenção às
palavras de paz que ele lhes dirigiu. Eles não louva-
ram a sua declaração, criticaram-na mesmo e provavelmente esqueceram-na; mas um dia eles far-
-lhe-ão justiça: um dia, a posteridade chamará a
este documento um modelo de sabedoria, de franqueza e de estilo real.

O dever de todo o bom Francês, neste momento,
é de trabalhar sem descanso no sentido de dirigir a

---

[170] **Remeto para o capítulo X o artigo sobre a amnistia.**
(nota de Joseph de Maistre).

opinião pública a favor do Rei, e de apresentar todos os seus actos sob um aspecto favorável. É aqui que os realistas se devem examinar com a máxima severidade e sem ilusões. Não sou francês, ignoro todas as intrigas, não conheço ninguém. Mas suponho que um realista francês diga: "Estou pronto a dar o meu sangue pelo Rei; porém, sem faltar à fidelidade que lhe devo, não me posso impedir de o culpar, etc". Respondo a este homem aquilo que a sua consciência lhe diz sem dúvida mais alto que eu: *Vós mentis ao mundo e a vós mesmo; se fôsseis capaz de sacrificar a vossa vida pelo rei, sacrificar-lhe-íeis as vossas opiniões. Além disso, ele não tem necessidade da vossa vida, mas antes da vossa prudência, do vosso zelo medido, da vossa devoção passiva, da indulgência mesmo* (para fazer todas as suposições); *guardai a vossa vida, para a qual nada há a fazer neste momento e prestai-lhe os serviços que ele necessita: julgais que os mais heróicos são aqueles que dão brado nas revistas? Os mais obscuros, pelo contrário, podem ser os maus eficazes e os mais sublimes. Não se trata aqui dos interesses do vosso orgulho; contentai a vossa consciência e aquele que vo--la deu.*

Como os fios que a criança rompia enquanto brincava, formarão pela sua reunião o cabo que deve suportar a âncora de um navio de mar alto, um conjunto de críticas insignificantes pode criar um exército formidável. Quantos serviços não se poderá prestar ao rei de França, combatendo estes precon-

224 | CONSIDERAÇÕES SOBRE A FRANÇA

ceitos que se estabelecem sem se saber como e que duram não se sabe porquê! Homens que julgam estar na idade da razão não criticaram ao Rei a sua inacção? Outros não o compararam temerariamente com Henrique IV, observando que para conquistar a sua coroa o grande príncipe poderia bem encontrar outras armas que não as intrigas e as declarações? Mas já que se está em maré de ser espirituoso, porque não se critica ao Rei não ter conquistado a Alemanha e Itália como Carlos Magno, para aí viver nobremente, esperando que os Franceses queiram ouvir a voz da razão?

Quanto ao partido mais ou menos numeroso que lança altos brados contra a Monarquia e o Monarca, nem tudo é ódio, longe disso, no sentimento que os anima, e parece-me que este sentimento composto merece um exame.

Não existe homem de espírito em França que não se despreze mais ou menos. A ignomínia nacional pesa sobre todos os corações (porque nunca um povo foi desprezado por senhores tão desprezíveis); há pois necessidade de se consolar, e os bons cidadãos fazem-no à sua maneira. Mas o homem vil e corrompido, estranho a todas as ideias elevadas, vinga-se da sua abjecção passada e presente, contemplando com esta volúpia inefável que apenas a baixeza conhece, o espectáculo da grandeza humilhada. Para se elevar aos próprios olhos, ele vira-os para o rei

CAP. VIII – DA ANTIGA CONSTITUIÇÃO FRANCESA ... | 225

de França, e fica satisfeito com o seu tamanho comparando-se com o colosso abatido. Insensivelmente, por um grande esforço da sua imaginação desregulada, chega a ver esta queda como uma obra sua; investe-se a si próprio com todo o poder da república; apostrofa o Rei; chama-lhe orgulhosamente *um pretenso Luís XVIII*; e atirando à Monarquia as suas flechas furibundas, ele chega a assustar alguns *chouans*[171], eleva-se como um dos heróis de La Fontaine: *eu sou pois um herói de guerra.*

É preciso tomar atenção ao medo que grita contra o Rei, o medo de que o seu regresso ponha fim à violência.

Povo francês, não te deixes seduzir pelos sofismas do interesse particular, da vaidade ou da cobardia. Não escutes mais os raciocínios; raciocina-se de mais em França, e *o raciocínio bane a razão*. Adere sem medo e sem reserva ao instinto infalível da tua consciência. Queres elevar-te aos teus próprios olhos? queres adquirir o direito de te estimar? queres fazer um acto próprio de um soberano? Chama o teu Soberano.

Perfeitamente estranho a França, que nunca vi, e nada podendo esperar do seu rei, que nunca conhecerei, se apresento erros, os Franceses podem ao

---

[171] Nome atribuído aos camponeses realistas de Maine, Bretanha e Normandia, que se levantaram em armas contra o governo revolucionário.

226 | CONSIDERAÇÕES SOBRE A FRANÇA

menos lê-los sem cólera, como erros inteiramente desinteressados.

Mas o que somos nós, fracos e cegos humanos!, e o que é esta luz tremente a que chamamos *Razão*? Quando nos reunimos para discutir todas as probabilidades, interrogada a história, discutidas todas as dúvidas e todos os interesses, podemos ainda estar a abraçar uma nuvem enganadora em vez da verdade. Que decretos pronunciou esse grande Ser diante do qual nada há de grande; que decretos pronunciou sobre o Rei, sobre a sua dinastia, sobre a sua família, sobre a França e a Europa? Onde e quando terminará o desmoronamento e através de quantas desgraças ainda deveremos comprar a tranquilidade? É para construir que Ele virou do avesso, ou são os seus rigores sem retorno? Infelizmente, uma nuvem sombria cobre o futuro e nenhum olho pode penetrar estas trevas. Porém, tudo anuncia que a ordem de coisas estabelecida em França não pode durar e que a invencível natureza deverá trazer de volta a Monarquia. Quer os nossos votos se cumpram, quer a inexorável Providência decida de um outro modo, é curioso e mesmo útil pesquisar, não perdendo jamais de vista a história e a natureza dos homens, como se operam as grandes transformações, e que papel poderá desempenhar a multidão num acontecimento cuja data parece duvidosa.

CAPÍTULO IX

Como se fará a contra-revolução, se ela acontecer?

Formulando hipóteses sobre a contra-revolução, comete-se frequentemente o erro de raciocinar como se esta contra-revolução devesse ser e só pudesse ser o resultado de uma deliberação popular. *O povo teme*, diz-se; *o povo quer, o povo nunca consentirá, não convém ao povo, etc.* Que devoção! O povo não serve de nada para uma revolução, ou, quanto muito, participa apenas como um instrumento passivo. Quatro ou cinco pessoas, talvez, darão um rei à França. Cartas de Paris anunciarão às províncias que a França tem um rei e as províncias aclamarão: *viva o Rei!* Mesmo em Paris, todos os habitantes, menos uma vintena, talvez, serão informados, ao acordar, que têm um rei. *Será possível*, exclamarão, *eis algo que é de uma singularidade rara! Quem sabe porque porta ele entrará?* Será prudente, *talvez, alugar janelas com antecedência, porque estará lá uma multidão.* O povo, se a monarquia se restabelecer, não decretará o restabelecimento, como não decretou a destruição ou o estabelecimento do governo revolucionário.

228 | CONSIDERAÇÕES SOBRE A FRANÇA

Suplico que se debrucem sobre estas reflexões e recomendo-as sobretudo aos que acreditam que a contra-revolução é impossível, porque os Franceses estão demasiadamente ligados à República, e que uma alteração seria prejudicial para todos. *Scilet is superis labor est*[172]! Pode-se certamente discutir a maioria à República; mas que ela a tenha ou não, não é de todo importante: o entusiasmo e o fanatismo não são estados duráveis. Este grau de exaltação cedo cansa a natureza humana; de sorte que, supondo mesmo que um povo, sobretudo o povo francês, pudesse querer algo durante muito tempo, é certo que pelo menos não o saberá querer durante muito tempo com paixão. Ao contrário, tendo-o abandonado o acesso de febre, o abatimento, a apatia e a indiferença sucedem-se sempre aos grandes esforços de entusiasmo. É o caso em que se encontra a França, que não deseja mais nada com paixão excepto o repouso. Quando se supõe portanto que a República tem a maioria em França (o que é indubitavelmente falso), que importa? Quando o Rei se apresentar, seguramente não se contarão as vozes e ninguém se agitará; primeiramente pela razão que mesmo aquele que prefere a república à monarquia, antes prefere o repouso à república; e ainda porque as vontades contrárias à realeza não se poderão reunir.

[172] "Ou seja, é tarefa para deuses!".

CAP. IX – COMO SE FARÁ A CONTRA-REVOLUÇÃO ... | 229

Em política, como na mecânica, as teorias iludem, se não se tomar em consideração as diferentes qualidades dos materiais que formam *as máquinas*. Numa primeira vista de olhos, por exemplo, esta proposição parece verdadeira: *o consentimento prévio dos Franceses é necessário para o restabelecimento da monarquia*. Porém, nada há de mais falso. Saiamos das teorias e vejamos os factos.

Um mensageiro chega a Bordéus, a Nantes, a Lyon, etc; traz a notícia que *o Rei é reconhecido em Paris; que uma facção qualquer* (que se nomeia ou não) *se apossou da autoridade e declarou que a possui em nome do rei; que se despachou um mensageiro ao Soberano, que é esperado sem cessar e que em todas as partes se arvora a insígnia branca*. A notoriedade apossa-se destas novidades, e carrega-as de mil circunstâncias imponentes. O que se fará? Para dar um melhor jogo à república, concedo-lhe a maioria e mesmo um corpo de tropas republicanas. Estas tropas tomarão talvez, num primeiro momento, uma atitude amotinada; mas nesse mesmo dia quererão jantar, e começarão a afastar--se da potência que já não lhes paga. Cada oficial que não goza de grande consideração e que o sente muito bem, vê muito claramente que o primeiro que gritar: *viva o rei*, será uma grande personagem: o amor-próprio desenha-lhe, com um lápis sedutor, a imagem de um general dos exércitos de *Sua Majestade Cristianíssima*, reluzente de símbolos honoríficos

230 | CONSIDERAÇÕES SOBRE A FRANÇA

e mirando do alto da sua grandeza estes homens que anteriormente o mandavam vir à barra do tribunal da municipalidade. Estas ideias são tão simples, tão naturais, que não podem escapar a ninguém: cada oficial o sente; de forma que se segue que todos são suspeitos uns para os outros. O temor e a desconfiança produzem a deliberação e a frieza. O soldado que não é electrizado pelo seu oficial está ainda mais desencorajado: o laço da disciplina recebe este golpe inexplicável, este golpe que o enfraquece subitamente. Um vira os olhos para o real pagador que avança; o outro aproveita o instante para se reunir à família. Já não se sabe comandar nem obedecer; já não existe um corpo comum.

É muito diferente entre os habitantes das cidades: vai-se, vem-se, entra-se em dilema, interroga-se: cada um teme aquele de quem tem necessidade. A dúvida consome as horas e os minutos são decisivos: por todo o lado, a audácia torna a aliar-se com a prudência. Ao velho falta determinação, ao jovem conselho. De um lado estão perigos terríveis, do outro uma amnistia certa e prováveis graças. Onde estão os meios de resistir? onde estão os chefes? em quem confiar? Não há perigo no repouso e o menor movimento pode ser um erro irremissível. É pois preciso esperar: espera-se; mas no dia seguinte, recebe-se a notícia que uma fortaleza abriu as suas portas; uma razão adicional para não se precipitar. Cedo se toma

CAP. IX – COMO SE FARÁ A CONTRA-REVOLUÇÃO ...

conhecimento que a notícia era falsa; mas duas outras cidades, que a julgaram verdadeira, deram o exemplo, crendo recebê-lo: acabam de se submeter e levam à rendição da primeira, que não pensava nisso. O governo deste local apresentou ao Rei as chaves da *sua fiel cidade de* ... É o primeiro oficial a ter a honra de o receber numa cidadela do seu reino. O Rei tornou-o, logo na entrada, marechal de França; um alvará imortal do rei cobriu o seu brasão de *inumeráveis flores-de-lis*; o seu nome é para sempre o mais belo de França. Em cada minuto, o movimento realista reforça-se; cedo se torna irresistível. VIVA O REI!, exclama o amor e a fidelidade no cúmulo da alegria: VIVA O REI!, responde o hipócrita republicano, no cúmulo do terror. O que importa? Existe apenas um grito: e o rei é sagrado.

Cidadãos! eis como se fazem as contra-revoluções. Deus, que reservou para Si a formação das soberanias, advertiu-nos disso não confiando nunca à multidão a escolha dos seus mestres. Ele não o emprega, nestes grandes movimentos que decidem a sorte dos impérios, senão como instrumento passivo. A multidão nunca obtém aquilo que quer: ela aceita sempre, nunca escolhe. Pode-se mesmo verificar como uma *afectação* da Providência (permitam-me esta expressão), que os esforços do povo para atingir um objecto, são precisamente o meio que Ela emprega para o afastar dele. Assim, o povo romano atribuía-

232 | CONSIDERAÇÕES SOBRE A FRANÇA

-se chefes julgando combater a aristocracia com César. É a imagem de todas as insurreições populares. Na Revolução francesa, o povo esteve constantemente acorrentado, ultrajado, arruinado, mutilado por todas as facções; e as facções, por sua vez, brinquedos nas mãos uns dos outros, nunca seguiram um rumo constante, apesar de todos os seus esforços, acabando por se despedaçarem sobre o obstáculo que as esperava.

Se se quiser saber o resultado provável da Revolução francesa, basta examinar em que é que todas as facções se reuniram: todos procuraram o aviltamento, a destruição mesmo do Cristianismo universal e da Monarquia; *de onde se segue* que todos os seus esforços resultaram na exaltação do Cristianismo e da Monarquia.

Todos os homens que escreveram ou meditaram sobre a história admiraram esta força secreta que troça dos conselhos humanos. Era dos nossos, esse grande capitão da antiguidade que a honrava como uma potência inteligente e livre e que nada empreendia sem se recomendar a ela[173].

---

[173] ***Nihil rerum humanarum sine Deorum numine geri putabat Timoleon: itaque suae domi sacellum Αὐτοματίας constituerat, idque sanctissime colebat,* Corn. Nepos, *Vita Timoleon*, cap. IV.** (nota de Joseph de Maistre). "Timoleão considerava que sem a protecção dos deuses

CAP. IX – COMO SE FARÁ A CONTRA-REVOLUÇÃO ... | 233

Mas é sobretudo no estabelecimento e queda das soberanias que a acção da Providência brilha da maneira mais visível. Não só os povos em massa só entram nestes grandes movimentos como as madeiras e cordame empregues por um maquinista, mas mesmo os seus chefes são-no apenas para os olhos estrangeiros: de facto, eles são dominados da mesma forma que dominam o povo. Estes homens que, tomados em conjunto, parecem os tiranos da multidão, são eles mesmos tiranizados por dois ou três homens, que o são por um só. E se este indivíduo único pudesse e quisesse dizer o seu segredo, ver-se-ia que nem ele sabe como tomou tal poder; que a sua influência é um mistério tão grande para ele como para os outros e que circunstâncias que ele não pôde prever nem provocar fizeram tudo por ele e sem ele.

Quem poderia dizer ao orgulhoso Henrique IV que uma empregada de albergue[174] lhe arrancaria o ceptro de França? As explicações patetas que deram deste grande acontecimento nada lhe retiram da sua maravilha; e ainda que tenha sido desonrado por duas vezes, primeiro pela ausência e em seguida pela prostituição do talento, ele permaneceu o único

não se podiam gerir os negócios humanos; por isso levantara em sua casa um templete ao Acaso e prestava-lhe culto com o maior respeito."

[174] Joana d'Arc.

234 | CONSIDERAÇÕES SOBRE A FRANÇA

assunto da história de França verdadeiramente digno da musa épica.

Acreditar-se-á que o *braço* que se serviu em tempos de um tão fraco instrumento, seja *dobrado*; e que o supremo ordenante dos Impérios tome em consideração a opinião dos Franceses para lhes dar um Rei? Não, ele escolherá, como sempre fez, *o que existe de mais fraco para confundir o que há de mais forte.* Não tem necessidade de legiões estrangeiras; não tem necessidade da *coligação*; e como manteve a integridade de França, apesar dos conselhos e da força de tantos príncipes, que *estão sob os seus olhos como se não existissem,* quando o momento chegar, ele restabelecerá a Monarquia francesa, apesar dos seus inimigos; afastará estes insectos ruidosos *pulveris exigui jactu*[175]: o Rei virá, verá e vencerá.

Então ficar-se-á surpreso com a profunda nulidade destes homens que pareciam tão poderosos. Hoje, pertence aos sábios prevenir este juízo e estar seguros, antes da experiência o provar, que os dominadores de França possuem apenas um poder fáctico e passageiro, cujo excesso mesmo prova a nulidade; *que eles nada plantaram nem semearam; que o seu tronco não lançou raízes na terra, e que um sopro os levará como a palha*[176].

---

[175] "Lançando-lhes um pouco de pó".

[176] **Is., 40-24.** (nota de Joseph de Maistre). Citação livre de Maistre, com base no Livro de Isaías.

CAP. IX – COMO SE FARÁ A CONTRA-REVOLUÇÃO ... | 235

É portanto em vão que tantos escritores insistiram sobre os inconvenientes do restabelecimento da monarquia; é em vão que assustam os franceses com as consequências de uma contra-revolução; e logo que concluem destes inconvenientes que os Franceses que os temem não suportarão jamais o restabelecimento da Monarquia, eles concluem muito mal; porque os Franceses nada deliberarão, e será talvez das mãos de uma mulherzinha que receberão um Rei.

Nenhuma nação pode dar a si própria um governo: apenas, quando este ou aquele direito existe na sua constituição[177], e este direito é mal conhecido ou reprimido, alguns homens, ajudados por algumas circunstâncias, poderão afastar os obstáculos e fazer reconhecer os direitos do povo: o poder humano não se estende para lá disto.

De resto, apesar da Providência não se embaraçar de forma alguma com o que poderá custar aos Franceses ter um Rei, não é menos importante observar que há certamente erro ou má fé da parte dos escritores que assustam os Franceses com os males que o restabelecimento da Monarquia lhes poderá trazer[178].

---

[177] **Refiro-me à constituição *natural*, porque a constituição escrita não passa de papel.** (nota de Joseph de Maistre).

[178] Referência a Benjamin Constant.

CAPÍTULO X

Dos pretensos perigos de uma contra-revolução

I. Considerações gerais

É um sofisma muito habitual nesta época insistir sobre os perigos de uma contra-revolução para se declarar que não convém voltar à Monarquia.

Um grande número de obras destinadas a persuadir os Franceses a agarrarem-se à República são apenas o desenvolvimento desta ideia. Os autores destas obras apoiam-se nos males inseparáveis das revoluções: depois, observando que a Monarquia não se pode restabelecer em França sem uma nova revolução, concluem que é necessário manter a República.

Este sofisma prodigioso, seja porque tem a sua fonte no medo ou na vontade de enganar, merece ser cuidadosamente discutido.

As palavras engendram quase todos os erros. Está--se habituado a dar o nome de contra-revolução a um qualquer movimento que deve matar a Revolução; e porque esse movimento será contrário ao outro, conclui-se que será do mesmo género. Seria necessário concluir o contrário.

Alguém se persuadiria que o retorno da doença à saúde é tão penoso como a passagem da saúde à doença? e que a Monarquia, derrubada por monstros, deverá ser restabelecida por homens semelhantes? Ah! Que aqueles que empregam este argumento lhe façam justiça no fundo dos seus corações! Eles sabem suficientemente bem que os amigos da Religião e da Monarquia não são capazes de nenhum dos excessos com que os seus inimigos se desonraram; sabem suficientemente bem que, no pior extremo e tendo em conta as fraquezas da humanidade, o partido oprimido encerra mil vezes mais virtudes que o dos opressores! Eles sabem suficientemente bem que o primeiro não se sabe defender nem vingar: frequentemente troçaram dele sobre este assunto.

Para fazer a Revolução francesa, foi necessário derrubar a religião, ultrajar a moral, violar todas as propriedades e cometer todos os crimes: para esta obra diabólica, foi necessário empregar um tal número de homens viciosos que jamais tantos vícios agiram juntos para operar um qualquer mal. Pelo contrário, para estabelecer a ordem, o Rei convocará todas as virtudes: ele o quererá, sem dúvida; mas, pela natureza mesmo das coisas, será forçado a isto. O seu interesse mais premente será aliar a justiça à misericórdia; os homens

CAP. X – DOS PRETENSOS PERIGOS DE UMA CONTRA- ... | 239

estimáveis virão por si mesmos colocar-se nos postos em que poderão ser úteis; e a religião, emprestando o seu ceptro à política, dar-lhe-á as forças que só ela pode conseguir junto da sua augusta irmã.

Não duvido que uma multidão de homens pede apenas que lhe mostrem o fundamento destas magníficas esperanças; mas alguém acreditará que o mundo político marcha ao acaso e que não é organizado, dirigido, animado por esta mesma sabedoria que brilha no mundo físico? As mãos culpadas que derrubam um Estado operam necessariamente dolorosos despedaçamentos; porque nenhum agente livre pode contrariar os planos do Criador, sem atrair, na esfera da sua actividade, males proporcionados à grandeza do atentado; e esta lei pertence mais à bondade do grande Ser que à sua justiça.

Mas, logo que o homem trabalha para restabelecer a ordem, ele associa-se ao autor da ordem: ele é favorecido pela *natureza*, quer dizer, pelo conjunto de causas segundas que são os ministros da Divindade. A sua acção tem qualquer coisa de divino; é em simultâneo doce e imperiosa. Ela não força nada e nada lhe resiste: dispondo das coisas, ela estabelece a saúde: à medida que opera, vê-se cessar esta inquietude, esta agitação penosa que é o efeito e o sinal da desordem; como, sob a mão do cirurgião hábil, o corpo animal magoado é avisado da reposição pela cessação da dor.

240 | CONSIDERAÇÕES SOBRE A FRANÇA

Francês, é ao som dos cantos infernais, das blasfémias do ateísmo, dos gritos de morte e dos longos gemidos da inocência degolada; é à luz dos incêndios, sobre os escombros do trono e dos altares regados pelo sangue do melhor dos Reis e de uma multidão inumerável de outras vítimas; é com o desprezo dos costumes e da fé pública, é no meio de todos os crimes, que os vossos sedutores e os vossos tiranos fundaram aquilo a que eles chamam *a vossa liberdade*.

É em nome do DEUS GRANDE E BOM, por causa dos homens que Ele ama e inspira e sob influência do seu poder criador, que vós voltareis à vossa antiga constituição e a um rei que vos dará a única coisa que ajuizadamente devereis desejar, a *liberdade pelo Monarca*.

Por que deplorável cegueira vos obstinais a lutar penosamente contra este poder que anula todos os vossos esforços, para vos advertir da sua presença? Vós apenas sois impotentes porque haveis ousado separar-vos dele e mesmo contrariá-lo: a partir do momento em que agirdes em concerto com ele participareis, de alguma forma, na sua natureza. Todos os obstáculos se aplanarão perante vós e rireis dos medos pueris que hoje vos agitam. Tendo todas as peças da máquina política uma tendência natural para o local que lhes está atribuído, esta tendência que é divina favorecerá os esforços do Rei; e sendo a ordem o elemento natural do homem, vós aí descobrireis a

CAP. X – DOS PRETENSOS PERIGOS DE UMA CONTRA- ... | 241

felicidade que buscáveis vãmente na desordem. A Revolução fez-vos sofrer, porque foi obra de todos os vícios, e os vícios são justamente os carrascos do homem. Pela razão contrária, o retorno à Monarquia, longe de produzir os males que receais para o futuro, fará cessar aqueles que vos consomem hoje. Todos os vossos esforços serão positivos: vós destruireis apenas a destruição.

Desenganai-vos de uma vez destas doutrinas desoladoras que desonraram o nosso século e fizeram perder a França. Já haveis aprendido a conhecer os pregadores destes dogmas funestos, mas a impressão que eles causaram sobre vós ainda não se apagou. Em todos os vossos planos de criação e de restauração, esqueceis apenas Deus: eles separaram-vos d'Ele. É apenas por um esforço de raciocínio que vós elevareis os vossos pensamentos até à fonte inexaurível de toda a existência. Vós quereis ver apenas o homem, cuja acção é tão fraca, tão dependente, tão circunscrita e a sua vontade tão corrompida, tão flutuante; e a existência de uma causa superior é para vós apenas uma teoria. Porém ela persegue--vos, ela cerca-vos: vós tocais-lhe, e o universo inteiro vo-la anuncia. Quando se vos diz que sem Ele só sereis fortes para destruir, não é uma vã teoria que vos é debitada, é uma verdade prática fundada sobre a experiência de todos os séculos e sobre o conhecimento da natureza humana. Abri a história, não

242 | CONSIDERAÇÕES SOBRE A FRANÇA

vereis uma criação política; que digo!, não vereis uma qualquer instituição por pequena que seja a sua força ou duração, que não repouse sobre uma ideia divina; qualquer que seja a sua natureza, não importa: porque não existe um sistema religioso que seja inteiramente falso. Não nos faleis mais, pois, das dificuldades e desgraças que vos alarmam sobre as consequências daquilo a que chamais contra-revolução. Todos os males que haveis experimentado vieram de vós. Porque não haveríeis de ser feridos pelas ruínas do edifício que vós mesmos haveis derrubado? A reconstrução é uma outra ordem das coisas: entrai apenas na via que aí vos pode conduzir. Não é pelo caminho do nada que chegareis à criação.

Como são culpados esses escritores enganadores ou pusilânimes, que se permitem assustar o povo com esse espectro ilusório a que se chama *contra-revolução*! Que, concordando que a Revolução foi uma terrível calamidade, sustentam porém que é impossível voltar atrás. Não se diria que os males da Revolução terminaram e que os Franceses chegaram a um porto de abrigo? O reino de Robespierre esmagou de tal forma este povo, feriu de tal forma a sua imaginação, que ele tem por suportável, e quase feliz, todo o estado de coisas em que não se decapite sem cessar. Durante o fervor do terrorismo, os estrangeiros notavam que todas as cartas de França que contavam as cenas hediondas dessa época cruel, aca-

CAP. X – DOS PRETENSOS PERIGOS DE UMA CONTRA- ... | 243

bavam com estas palavras: *Presentemente, está tranquilo,* isto é, *os carrascos descansam; retomam forças; entretanto tudo está bem.* Este sentimento sobreviveu ao regime infernal que o produziu. O Francês petrificado pelo terror e desencorajado pelos erros da política estrangeira fechou-se num egoísmo que só lhe permite ver-se a si próprio e o lugar e o momento em que existe. Assassina-se em cem locais de França; não importa, se não foi ele que foi pilhado ou massacrado; se é na sua rua, ao lado de sua casa, que se cometeu um destes atentados, que importa ainda? O momento passou; *agora tudo está tranquilo*: ele duplicará os ferrolhos e não pensará mais no assunto. Numa palavra, qualquer Francês é suficientemente feliz no dia em que não o matam.

Entretanto as leis não têm força, o governo reconhece a sua impotência em fazê-las cumprir. Os crimes mais infames multiplicam-se em todo o lado: o demónio revolucionário ergue orgulhosamente a cabeça; a constituição é apenas uma teia de aranha, e o poder permite-se horríveis atentados. O casamento não passa de uma prostituição legal; não existe mais autoridade paternal, medo do crime, asilo para o indigente. O repugnante suicídio denuncia ao governo o desespero dos infelizes que assim o acusam. O povo desmoraliza-se da maneira mais assustadora; e a abolição do culto, junta à ausência total de educação pública, prepara para a França uma geração sobre a qual só a ideia faz tremer.

Cobardes optimistas! Eis o estado de coisas que vós temeis ver mudada! Saí, deixai a vossa infeliz letargia! Em vez de mostrar ao povo os males imaginários que devem resultar duma mudança, empregai os vossos talentos a fazer-lhe desejar a comissão doce e saneadora que trará o Rei de novo ao Trono e a ordem à França.

Mostrai-nos, homens muito preocupados, mostrai-nos estes males tão terríveis com que vos ameaçam para vos desgostar da monarquia; não vedes que as instituições republicanas não têm raízes e estão apenas pousadas sobre o vosso solo, enquanto as anteriores aí estavam plantadas? Foi necessário o machado para alterar estas; as outras cederão com um sopro e não deixarão indícios. Não é de todo a mesma coisa, sem dúvida, subtrair de um alto magistrado a dignidade hereditária que era sua propriedade, ou fazer descer do seu cargo um juiz temporário que não tem nenhuma dignidade. A Revolução fez sofrer muito, porque destruiu muito; porque violou bruscamente e duramente todas as propriedades, todos os precedentes e todos os costumes; porque toda a tirania plebeia é, pela sua natureza, fogosa, insultante e impiedosa, a que operou a Revolução francesa empurrou esta característica ao excesso, não tendo o universo visto uma tirania mais baixa e mais absoluta.

CAP. X – DOS PRETENSOS PERIGOS DE UMA CONTRA- ... | 245

A opinião é a fibra sensível do homem: grita com altos brados quando é ferido neste ponto. É o que tornou a Revolução tão dolorosa, porque ela esmagou a seus pés as grandezas da opinião. Ora, se a restauração da Monarquia causasse a um igual número de homens as mesmas privações reais, existiria sempre uma diferença imensa, uma vez que não destruiria nenhuma dignidade; porque não existe qualquer dignidade em França, pela razão de que não existe nenhuma soberania.

Mas, não considerando senão as privações físicas, a diferença não seria mais marcante. O poder usurpador imolava os inocentes; o Rei perdoará aos culpados: um abolia as propriedades legítimas, o outro reflectirá sobre as propriedades ilegítimas. Um tomou por divisa: *Diruit, aedificat, mutat quadrata rotundis*[179]. Depois de sete anos de esforços, não pode ainda organizar uma escola primária ou uma festa campestre. E até os seus defensores troçam das suas leis, dos seus empregos, das suas instituições, das suas festas e mesmo das suas roupas. O outro, construindo sobre uma base verdadeira, não hesitará: uma força desconhecida presidirá aos seus actos; ele agirá apenas para restaurar: ora, toda a acção regular atormenta apenas o mal.

[179] "Derruba, levanta, transforma o que é quadrado em redondo".

246 | CONSIDERAÇÕES SOBRE A FRANÇA

É também um grande erro de imaginação que se pense que o povo tem algo a perder com o restabelecimento da Monarquia; porque o povo ganhou apenas em teoria com a transformação geral. *Ele tem direito a todos os cargos*, diz-se; que interessa? Trata-se de saber o que é eles que valem. Estes cargos, sobre os quais se faz tanto barulho e que se oferece ao povo como uma grande conquista, nada são face ao tribunal da opinião. Mesmo o estado militar, honroso na França acima de todos os outros, perdeu o seu brilho: não tem mais grandeza perante as opiniões e a paz diminui-lo-á ainda mais. Ameaça-se os militares com o restabelecimento da Monarquia, e ninguém tem nele mais interesse do que eles. Nada há de mais evidente que a necessidade que o Rei terá de os manter nos seus cargos e dependerá deles, mais cedo ou mais tarde, para mudar esta necessidade de política em necessidade de afeição, de dever e de reconhecimento. Por uma extraordinária combinação de circunstâncias, nada há neles que possa chocar a opinião mais realista. Ninguém tem o direito de os desprezar, porque combateram apenas pela França: não existe entre eles e o Rei nenhuma barreira de preconceitos capaz de obstruir os seus deveres: ele é Francês antes de tudo. Que eles se lembrem de Jaime II; durante o combate de *la Hogue*, aplaudindo, na borda do mar, o valor dos Ingleses que conseguiam destroná-lo: poderão eles duvidar que o rei tenha orgulho do seu valor e os

CAP. X – DOS PRETENSOS PERIGOS DE UMA CONTRA- ... | 247

veja no seu coração como defensores da integridade do seu reino? Não aplaudiu ele publicamente o seu valor, lamentando (como era bem necessário), *que ele não se manifestasse por uma melhor causa?* Não felicitou ele os bravos do exército de Condé, *por terem vencido os ódios que o artifício mais profundo trabalhava há tanto tempo para alimentar*[180]? Os militares franceses, depois das suas vitórias, só têm uma necessidade: é que a soberania legítima venha legitimar o seu carácter; agora, são temidos e desprezados. A mais profunda indiferença é o preço dos seus trabalhos, e os seus concidadãos são os homens do universo mais indiferentes aos troféus dos exércitos. Chegam muitas vezes a detestar estas vitórias que alimentam o humor guerreiro dos seus senhores. A restauração da Monarquia dará subitamente aos militares uma alta posição na opinião pública. Os talentosos recolherão no seu caminho uma dignidade real, uma ilustração sempre crescente, que será propriedade dos guerreiros e que eles transmitirão aos seus filhos. Esta glória pura, este brilho tranquilo, valerão bem as menções honrosas e o ostracismo do esquecimento que sucedeu ao cadafalso.

Se se olhar a questão sob um ponto de vista mais geral, descobrir-se-á que a monarquia é, sem contra-

---

[180] **Carta do Rei ao príncipe de Condé, de 3 de Janeiro de 1797, impressa em todos os jornais.** (nota de Joseph de Maistre).

248 | CONSIDERAÇÕES SOBRE A FRANÇA

dição, o governo que dá mais distinções a um maior número de pessoas. A soberania, nesta espécie de governo, possui suficiente brilho para poder transmitir uma parte, com as gradações necessárias, a um conjunto de agentes que ela distingue mais ou menos. Na República a soberania não é palpável como na monarquia; é um ser puramente moral e a sua grandeza é incomunicável; também os cargos não são nada nas repúblicas, fora da cidade onde reside o governo; e não são nada, também porque são ocupados por membros do governo. Então é o homem que honra o emprego, e não o emprego que honra o homem: este não brilha como *agente*, mas como *porção* do soberano.

Pode ver-se nas províncias que obedecem a repúblicas que os cargos (excepto aqueles que são reservados aos membros do soberano) elevam pouco os homens aos olhos dos seus semelhantes, e não significam quase nada na opinião; porque a república, pela sua natureza, é o governo que dá mais direitos ao mais pequeno número de homens a quem se chama *o soberano* e que retira mais direitos a todos os outros a quem se chama os *súbditos*.

Quanto mais a república se aproximar da democracia pura, mais esta observação será notória.

Lembremo-nos do conjunto inumerável de cargos (fazendo mesmo a abstracção de todos os lugares abusivos) que o antigo governo de França apresentava à ambição universal. O clero secular e regular, a

CAP. X – DOS PRETENSOS PERIGOS DE UMA CONTRA- ... | 249

espada, a toga, as finanças, a administração, etc,
quantas portas abertas a todos os talentos e todos os
géneros de ambição! Quantas gradações incalculáveis
de distinções pessoais! Deste número infinito de lugares, nenhum era posto pelo direito fora do alcance
do simples cidadão[181]: existia mesmo uma quantidade enorme que eram propriedades preciosas, que
faziam realmente do proprietário um notável e que
pertenciam exclusivamente ao Terceiro Estado.
Que os primeiros lugares fossem de mais difícil
acesso ao simples cidadão, era uma coisa muito razoá-
vel. Há excesso de movimento no Estado e não há
subordinação suficiente, quando *todos* podem ter
pretensões a *tudo*. A ordem exige que em geral os
cargos sejam graduados como o estado dos sujeitos,
e que os talentos, e por vezes mesmo a simples protecção, baixem as barreiras que separam as diferentes
classes. Desta maneira, há emulação sem humilhação
e movimento sem destruição; a distinção ligada a um
cargo é mesmo produzida, como a palavra o diz,
pela dificuldade maior ou menor de o atingir.
Se se objectar que estas distinções são más, muda-
-se o estado da questão; mas digo-vos: se os vossos

[181] **A famosa lei que excluía o Terceiro Estado do
serviço militar não podia ser executada: foi simplesmente uma falta de jeito ministerial, que a paixão apresentou como uma lei fundamental.** (nota de Joseph de
Maistre).

250 | CONSIDERAÇÕES SOBRE A FRANÇA

empregos não elevam aqueles que os possuem, não vos vanglorieis de os dar a toda o mundo; porque nada dais. Se, pelo contrário, os empregos são e devem ser distinções, repito aquilo que nenhum homem de boa fé me poderá negar: que a monarquia é o governo que, através apenas dos cargos, e independentemente da nobreza, distingue um maior número de homens do resto dos seus concidadãos.

Convém não se deixar enganar, aliás, por esta igualdade ideal que existe apenas nas palavras. O soldado que tem o privilégio de falar ao seu oficial com um tom grosseiramente familiar, não se torna por isso seu igual. A aristocracia dos lugares que não se pôde ao princípio vislumbrar na transformação geral, começa a formar-se. Mesmo a nobreza retoma a sua indestrutível influência. As forças armadas na terra e no mar são já comandadas, em parte, por fidalgos, ou por estudantes que o Antigo Regime tinha nobilitado agregando-os a uma profissão nobre. A República obteve mesmo através deles os seus maiores sucessos. Se, talvez infelizmente, a delicadeza da nobreza francesa não a tivesse afastado de França, ela comandaria já em todo o lado; e é coisa muito comum ouvir dizer: *Que se a nobreza tivesse querido, ter-lhe-iam sido dados todos os cargos.* Certamente, no momento em que escrevo (4 de Janeiro de 1797) a República bem gostaria de ter nos seus navios os nobres que fez massacrar em Quiberon.

CAP. X – DOS PRETENSOS PERIGOS DE UMA CONTRA- ... | 251

O povo, ou a massa dos cidadãos, não tem pois nada a perder; e, ao contrário, tem tudo a ganhar com o restabelecimento da Monarquia, que trará de volta um conjunto de distinções reais, lucrativas e mesmo hereditárias, em lugar dos empregos passageiros e sem dignidade que dá a República.

Não insisti sobre os emolumentos ligados aos lugares, já que é notório que a República não paga, ou paga mal. Ela produziu apenas fortunas escandalosas: mas só o vício enriqueceu ao seu serviço.

Terminarei este artigo com observações que provam claramente (parece-me) que o perigo que se vê na contra-revolução está sobretudo na demora nesta grande alteração.

A família dos Bourbons não pode ser atingida pelos chefes da República: ela existe; os seus direitos são visíveis, e o seu silêncio fala mais alto, talvez, que todos os manifestos possíveis.

É uma verdade que salta aos olhos que a República francesa, mesmo depois de parecer ter adoçado as suas máximas, não pode ter verdadeiros aliados. Pela sua natureza, ela é inimiga de todos os governos: ela tende a destruí-los a todos, de forma que todos têm interesse em destruí-la. A política pode sem dúvida dar aliados à República[182]; mas estas alianças

[182] **Scimus, et hanc veniam petimusque damusque vicissim,**

são contra a natureza, ou, se se quiser, a *França* tem aliados, mas a República francesa não tem nenhuns. Amigos e inimigos pôr-se-ão sempre de acordo para dar um rei a França. Cita-se frequentemente o sucesso da Revolução Inglesa no século passado; mas que diferença! O Monarca apenas tinha desaparecido para dar lugar a um outro. Mesmo o sangue dos Stuart estava no trono; e era deste que o novo Rei tinha o seu direito. O Rei era, por seu próprio direito, um príncipe com toda a força da sua casa e das suas relações de família. Aliás o governo de Inglaterra nada tinha de perigoso para os outros: era uma Monarquia como antes da revolução; porém, foi necessário bem pouco para que Jaime II[183] não retivesse o ceptro: e se ele tivesse tido um pouco mais de sorte ou simplesmente um pouco mais de habi-

---

Sed non ut placidis coeant immitia, non ut Serpentes avibus geminentur, tigribus agni.
É o que alguns ministérios podem dizer de melhor à Europa que os questiona! (nota de Joseph de Maistre).

"Sabemo-lo, e é uma licença que postulamos e por nós também concedemos, mas não para que os animais ferozes acasalem com os domésticos, nem as serpentes se misturem com os pássaros ou os cordeiros com os tigres."

[183] Jaime II de Inglaterra, apesar da contestação do povo e das elites britânicas em virtude do seu catolicismo, sucedeu a Carlos II; é deposto pela Revolução Gloriosa, e assume o trono Guilherme de Orange e Maria, filha de Jaime II, ambos protestantes.

CAP. X – DOS PRETENSOS PERIGOS DE UMA CONTRA- ... | 253

lidade, ele não lhe teria escapado. E apesar de Inglaterra ter um Rei; apesar dos preconceitos religiosos se juntarem aos preconceitos políticos para excluir o Pretendente[184]; apesar de apenas a situação deste reino o defender de uma invasão, o perigo de uma segunda revolução pesou sobre Inglaterra. Tudo foi contido, como se sabe, na batalha de *Culloden*[185].

Em França, pelo contrário, o governo não é monárquico; é mesmo inimigo de todas as monarquias circundantes; não é um príncipe que comanda e se alguma vez o Estado for atacado, não há nenhuma probabilidade dos familiares estrangeiros dos Pentarcas levantarem tropas para os defender. A França estará portanto num perigo habitual de guerra civil, e este perigo terá duas causas constantes, porque terá de recear incessantemente os justos direitos dos Bourbons e a política astuciosa das outras Potências, que poderão tentar dar-lhe um Rei de uma outra dinastia. Enquanto o trono de França estiver ocupado pelo Soberano legítimo, nenhum príncipe no universo poderá sonhar apoderar-se dele; mas, enquan-

---

[184] Refere-se a Carlos Eduardo Stuart, neto de Jaime II, o *bonnie prince Charlie*, pretendente ao trono do Reino Unido.

[185] Foi na Batalha de Culloden (16 de Abril de 1746) que o católico Carlos Eduardo Stuart foi definitivamente derrotado, juntamente com o seu exército de apoiantes jacobitas, recrutados sobretudo nas Terras Altas escocesas.

254 | CONSIDERAÇÕES SOBRE A FRANÇA

to está vago, todas as ambições reais o podem ambicionar e entrar em conflito por ele. Além disso, desde que está por terra, o poder está ao alcance de todo o mundo. O governo regular exclui uma infinidade de projectos; mas, sob o império de uma soberania falsa, não existem projectos quiméricos; todas as paixões estão à soltas e todos têm esperanças fundadas. Os poltrões que recusam o Rei por medo da guerra civil preparam-lhe justamente a matéria. É porque querem loucamente o *descanso e a Constituição*, que não terão nem o descanso nem a Constituição. Não existe segurança perfeita para a França no estado em que ela está. Apenas o Rei, e o Rei legítimo, elevando do alto do seu trono o ceptro de Carlos Magno, pode extinguir ou desarmar todos os ódios, iludir todos os projectos sinistros, classificar as ambições classificando os homens, acalmar os espíritos agitados e criar subitamente em torno do poder essa cerca mágica que é a sua verdadeira guardiã.

Há ainda outra reflexão que deve estar sem cessar sob os olhos dos Franceses que fazem parte das autoridades actuais e cuja posição lhes permite influir para o restabelecimento da Monarquia. Os mais estimáveis entre estes homens não devem nunca esquecer que serão levados, mais cedo ou mais tarde, pela força das coisas; que o tempo passa e a glória lhes escapa. Aquela de que podem gozar é uma glória de comparação: eles fizeram cessar os massacres. Eles tentaram secar as lágrimas da Nação: eles brilham, porque sucederam aos maiores celerados que pisaram este planeta. Mas quando cem causas reunidas tiverem reerguido o trono, a *amnistia*, na força do termo, será para eles; e os seus nomes, para sempre obscuros, serão ocultados pelo esquecimento. Que eles não percam nunca de vista a auréola imortal que deve rodear os nomes dos restauradores da Monarquia. Resultando apenas toda a insurreição do povo contra os nobres na criação de novos nobres, vê-se já como se formarão estas novas raças, às quais as circunstâncias apressarão a glória e que, desde o berço, a tudo poderão pretender.

II Dos Bens Nacionais

Assusta-se os Franceses com a restituição dos bens nacionais; acusa-se o Rei de não ter ousado tocar, na sua declaração, este assunto delicado. Poder-se-ia dizer a uma grande parte da Nação: que vos importa? E talvez não ficasse mal responder. Mas para não parecer querer evitar as dificuldades, prefiro observar que o interesse aparente da França, em geral, no que respeita os bens nacionais e mesmo o interesse, bem entendido, dos que adquiriram esses bens, em particular, prende-se com o restabelecimento da Monarquia. A pilhagem exercida em rela-

256 | CONSIDERAÇÕES SOBRE A FRANÇA

ção a estes bens fere a consciência mais insensível. Ninguém acredita na legitimidade dessas aquisições; e mesmo aquele que fala com mais eloquência deste assunto, no sentido da legislação actual, apressa-se a revender para assegurar o seu ganho. Não se ousa gozar plenamente; e quanto mais os espíritos se tornam frios, menos se ousará gastar sobre estes fundos. Os edifícios arruinar-se-ão, e por muito tempo não se ousará elevá-los de novo; os créditos serão fracos; o capital de França definhará consideravelmente. Já existem muitas coisas erradas neste género e aqueles que puderam reflectir sobre os abusos dos *decretos*, devem compreender o que é um decreto lançado sobre talvez um terço do mais poderoso reino da Europa.

Frequentemente, no seio do corpo legislativo, traçou-se quadros impressionantes do estado deplorável destes bens. O mal irá sempre aumentando, até que a consciência pública não tenha mais dúvidas sobre a solidez destas aquisições; mas que olhar poderá vislumbrar esta época?

Não considerando senão os seus possuidores, o primeiro perigo para eles vem do governo. Que ninguém se iluda, não é indiferente tomar isto ou aquilo: o homem mais injusto que se possa imaginar não pedirá nada melhor do que encher os seus cofres fazendo o menor número possível de inimigos. Ora, sabe-se em que condições os compradores as adquiriram; sabe-se através de que manobras infames, de

CAP. X – DOS PRETENSOS PERIGOS DE UMA CONTRA- ... | 257

que *agio* escandalosos estes bens foram objecto. O vício primitivo e continuado da aquisição é indelével a todos os olhos; assim o governo francês não pode ignorar que, sobrecarregando de impostos os seus compradores, ele terá a opinião pública a seu favor. Aliás, nos governos populares, mesmo legítimos, a injustiça não tem pudor; pode-se ajuizar o que ela será em França, onde o governo, volúvel como as pessoas e faltando-lhe identidade, não teme nunca voltar às suas próprias obras e alterar o que fez.

Cairá assim sobre os bens nacionais logo que possa. Fortalecido pela consciência e, o que convém não esquecer, pela inveja de todos aqueles que não os possuem, atormentará os seus possuidores, ou através de novas vendas modificadas de alguma maneira, ou por apelos judiciais gerais em suplemento de preço, ou através de impostos extraordinários; numa frase, nunca estarão tranquilos.

Mas tudo está estável sob um governo estável; de maneira que importa, mesmo aos que adquiriram bens nacionais, que a Monarquia seja restabelecida, para saber com que contar. Foi despropositada a crítica feita ao Rei por não ter falado claramente sobre este ponto na sua declaração: ele não o poderia fazer sem uma extrema imprudência. Uma lei sobre este ponto não será talvez, quando chegar o seu tempo, uma proeza admirável da legislação.

258 | CONSIDERAÇÕES SOBRE A FRANÇA

Mas convém lembrar aqui aquilo que disse no capítulo precedente: as conveniências de um qualquer grupo de indivíduos não pararão a contra-revolução. Tudo o que pretendo provar é que é importante para o pequeno número de homens que pode ter influência sobre este grande acontecimento, que não esperem que os acumulados abusos da anarquia a tornem inevitável, e a tragam bruscamente; porque quanto mais o Rei for necessário, mais duro será o destino daqueles que ganharam a Revolução.

III Das Vinganças

Um outro fantasma que é usado para fazer os Franceses recearem o retorno do seu Rei, são as vinganças de que este retorno se deve acompanhar.

Esta objecção, como as outras, é feita sobretudo pelos homens de espírito que não acreditam nela; porém é bom discuti-la, em favor dos homens honestos que a julgam fundada.

Um sem número de escritores realistas rejeitaram como insultuoso este desejo de vingança que se supõe da sua parte; um deles vai falar por todos: cito-o para meu prazer e para o dos meus leitores. Não me acusarão de o ter escolhido entre os realistas mais rígidos.

"Sob o império de um poder ilegítimo, as mais terríveis vinganças são de temer; porque quem terá

CAP. X – DOS PRETENSOS PERIGOS DE UMA CONTRA- ... | 259

o direito de as reprimir? A vítima não pode invocar em seu socorro a autoridade das leis que não existem e do governo que é obra do crime e da usurpação.

"Sucede de uma forma diferente com um governo assente em bases sagradas, antigas, legítimas. Ele tem o direito de sufocar as mais justas vinganças e de punir no mesmo instante com a força das leis quem quer que sucumba mais ao sentimento natural que ao sentido dos deveres.

"Apenas um governo legítimo tem o direito de proclamar a amnistia e os meios para a fazer observar.

"Então, está demonstrado que o mais perfeito, o mais puro dos realistas, o mais gravemente ultrajado na pessoa dos seus parentes, nas suas propriedades, deve ser punido de morte, sob um governo legítimo, se ousar vingar-se pessoalmente das injúrias sofridas, quando o Rei lhe ordenou o perdão.

"É portanto sob um governo fundado sobre as nossas leis que a amnistia pode ser com segurança acordada e que ela pode ser severamente observada.

"Ah! Sem dúvida, será fácil discutir até que ponto o direito do rei pode estender uma amnistia. As excepções prescritas pelo primeiro dos seus deveres é bem evidente. Tudo o que estiver tinto do sangue de Luís XVI não tem mercê a esperar senão de Deus; mas quem ousaria, de seguida, traçar, com uma mão firme, os limites onde devem parar a amnistia e a clemência do Rei? O meu coração e a

260 | CONSIDERAÇÕES SOBRE A FRANÇA

minha pluma recusam-se igualmente a isso. Se alguém ousar alguma vez escrever sobre um semelhante assunto, será, sem dúvida, aquele homem raro e talvez único, se é que existe, que nunca falhou ele próprio no decurso desta horrível Revolução e cujo coração, tão puro como a conduta, nunca teve necessidade de graça."[186]

A razão e o sentimento não se saberiam exprimir com maior nobreza. Seria de lamentar o homem que não reconhecesse, neste excerto, o fervor da convicção.

Dez meses depois da data deste escrito, o Rei pronunciou na sua declaração aquela frase tão conhecida, e tão digna de o ser: *Quem ousaria vingar-se se o Rei perdoa?*

Ele exceptuou da amnistia apenas aqueles que votaram a morte de Luís XVI, os cooperadores, os instrumentos directos e imediatos do seu suplício e os membros do Tribunal revolucionário que enviou para o cadafalso a Rainha e a Princesa Isabel. Procurando mesmo restringir o anátema em relação aos primeiros, tanto quanto a consciência e a honra lho permitiam, não incluiu no conjunto dos parricidas

---

[186] ***Observations sur la conduite des puissances coalisées*, pelo Senhor Conde d'Aintragues, 1795, «Prefácio», p. XXXIV e seguintes.** (nota de Joseph de Maistre).

CAP. X – DOS PRETENSOS PERIGOS DE UMA CONTRA- ... | 261

aqueles sobre os quais se podia crer *que apenas se misturaram com os assassinos de Luís XVI com o desígnio de o salvar.*

Em relação mesmo *a estes monstros que a posteridade nomeará com horror*, o Rei contentou-se em dizer, com tanta medida quanto justiça, que *a França inteira chama sobre as suas cabeças o poder da justiça.* Através desta frase, ele não se privou do direito de atribuir mercês em particular: é aos culpados que cabe ver o que poderão colocar sobre a balança para equilibrar os seus crimes. Monk serviu-se de Ingolsby para reter Lambert. Poder-se-á fazer melhor que Ingolsby[187].

Observarei ainda, sem pretender diminuir o justo horror que é devido aos assassinos de Luís XVI, que aos olhos da justiça divina nem todos são igualmente culpados. No mundo moral, como no mundo físico, a força da fermentação é em razão das massas fermentantes. Os setenta juízes de Carlos I eram bem mais senhores de si próprios que os juízes de

---

[187] George Monk (1608-1670) foi um general inglês que desempenhou um papel central na restauração da monarquia inglesa em 1660. Monk enviou Richard Ingolsby, um regicida que assim esperava obter perdão, para capturar John Lambert, general inglês que defendia a república. Darcel explica que os realistas franceses esperavam que o Director Pichegru se revelasse o "Monk" francês. Cf Cons. Sur la France, pág. 174.

Luís XVI. Houve certamente entre eles culpados deliberados, que é impossível detestar o suficiente; mas estes grandes culpados tiveram a arte de excitar um tal terror, imprimiram sobre os espíritos menos vigorosos uma tal impressão, que vários deputados, não tenho qualquer dúvida, foram privados de uma parte do seu livre arbítrio. É difícil formar uma ideia nítida do delírio indefinível e sobrenatural que se apoderou da assembleia na época do julgamento de Luís XVI. Estou persuadido que vários dos culpados, lembrando-se desta funesta época, crêem ter tido um pesadelo; que são tentados a duvidar do que fizeram e que têm menos explicação para oferecer a si próprios do que nós temos para os explicar.

Estes culpados, zangados e surpreendidos de o estarem, deviam tentar fazer a sua paz.

Em acréscimo, isto apenas lhes diz respeito; porque seria muito vil a Nação se olhasse como um inconveniente da contra-revolução a punição de semelhantes homens. Mas mesmo para aqueles que tenham essa fraqueza, pode-se observar que a Providência começou já a punição dos culpados. Mais de sessenta regicidas, entre os quais os mais culpados, pereceram de morte violenta; outros perecerão, sem dúvida, ou deixarão a Europa antes que a França tenha um Rei; muito poucos cairão nas mãos da justiça.

Os Franceses, perfeitamente tranquilos em relação às vinganças judiciais, devem está-lo também em

CAP. X – DOS PRETENSOS PERIGOS DE UMA CONTRA- ... | 263

relação às vinganças particulares. Têm a esse respeito os mais solenes protestos: têm a palavra do seu Rei; não lhes é permitido temer.

Mas, como é necessário falar aos espíritos e prevenir todas as objecções; como é preciso mesmo responder àqueles que não acreditam na honra e na fé, é necessário provar que as vinganças particulares não são possíveis.

O soberano mais poderoso não tem mais de dois braços. A sua força é a dos instrumentos que emprega e que a opinião lhe submete. Ora, apesar de ser evidente que o Rei, após a suposta restauração, procurará apenas perdoar, façamos, para colocar as coisas na pior situação possível, uma suposição contrária. Como se comportaria se quisesse exercer as vinganças arbitrárias? O exército francês, tal como o conhecemos, seria um instrumento dócil nas suas mãos? A ignorância e a má fé entretêm-se a representar este futuro rei como um Luís XIV, que semelhante ao Júpiter de Homero, necessitaria apenas de franzir o sobrolho para sacudir a França. Mal se ousa provar o quanto esta suposição é falsa. O poder da soberania é todo moral. Ela comanda vãmente, se este poder não é para si; e é necessário possuir a sua plenitude para poder dele abusar. O rei de França que subirá ao trono dos seus antepassados não terá certamente vontade de começar os abusos; e, se a tivesse, esta seria vã, porque não seria suficientemente forte para

264 | CONSIDERAÇÕES SOBRE A FRANÇA

a contentar. A boina frígia[188], tocando a fronte real, fez desaparecer os traços de óleo santo: o charme rompeu-se, longas profanações destruíram o império divino dos precedentes nacionais e por muito tempo ainda, antes que a fria razão curve os corpos, os espíritos permanecerão de pé. Faz-se de conta que se teme que o novo rei de França puna com severidade os seus inimigos: desafortunado! Poderá ele apenas recompensar os amigos[189]?

Os Franceses têm assim dois garantes infalíveis contra as pretensas vinganças com as quais os assustaram: o interesse do rei e a sua impotência[190].

[188] *Bonnet rouge*, símbolo dos republicanos.

[189] **Conhece-se a graça de Carlos II sobre o pleonasmo da fórmula inglesa: AMNISTIA E ESQUECIMENTO: Compreendo, disse, amnistia para os meus inimigos e esquecimento para os meus amigos.** (nota de Joseph de Maistre).

[190] **Os acontecimentos justificaram todas estas predições do bom senso. Desde que esta obra foi acabada o governo francês publicou as peças de duas conspirações descobertas, e que se julgam de uma maneira um pouco diferente: uma jacobina e outra realista. Na bandeira do jacobinismo, estava escrito: *morte a todos os nossos inimigos*; na do realismo: *graça a todos os que não a recusem*. Para impedir o povo de tirar as consequências, foi-lhe dito que o Parlamento anularia a amnistia real; mas semelhante disparate ultrapassa o *maximum*: seguramente, ela não vingará.** (nota de Joseph de Maistre).

CAP. X – DOS PRETENSOS PERIGOS DE UMA CONTRA- ... | 265

O retorno dos emigrados fornece ainda aos adversários da Monarquia um assunto inesgotável de receios imaginários. Importa dissipar esta visão.

A primeira coisa a salientar é que existem proposições verdadeiras, cuja verdade tem apenas uma época; porém, as pessoas acostumam-se a repeti-las muito para além do tempo as ter tornado falsas e mesmo ridículas. O partido ligado à revolução podia temer o retorno dos emigrados pouco tempo depois da lei que os expulsava: e não garanto que não tivessem razão; mas que importa? Eis uma questão puramente escusada, de que será inútil ocuparmo-nos. A questão é de saber se, neste momento, o retorno dos emigrantes tem algo de perigoso para a França.

A Nobreza enviou 284 deputados para aqueles Estados-Gerais de funesta memória, que produziram tudo aquilo que vimos. Através de um trabalho realizado sobre diversos bailiados, nunca se encontrou mais de 80 eleitores por um deputado. Não é absolutamente impossível que certos bailiados tenham apresentado um número maior; mas é preciso ter também em conta os indivíduos que opinaram em mais de um bailiado.

Tudo bem considerado, pode-se avaliar em 25.000 o número de chefes de família nobres que foram deputados nos Estados-Gerais; e multiplicando por 5, número geralmente atribuído, como se sabe, a cada família, teremos 125.000 cabeças nobres.

266 | CONSIDERAÇÕES SOBRE A FRANÇA

Tomemos 130.000, no extremo: tiremos as mulheres, restam 65.000. Retiremos deste número: 1.º os nobres que nunca deixaram a França, 2.º os que voltaram, 3.º os velhos, 4.º as crianças, 5.º os doentes, 6.º os padres, 7.º todos aqueles que morreram na guerra, pelos suplícios ou apenas pela ordem da natureza. Restará um número que não é sensato determinar ao certo, mas que, sob todos os pontos de vista possíveis, não poderá alarmar a França.

Um príncipe digno do seu nome, leva ao combate 5 ou 6.000 homens no máximo; este corpo que não é, nem por pouco, todo composto por nobres, deu provas do seu valor admirável sob bandeiras estrangeiras; mas, se se isola, ele desaparece. Enfim, é claro que, sob o ponto de vista militar, os imigrados nada são e nada podem.

Há ainda uma consideração que se prende mais particularmente com o espírito desta obra, e que merece ser desenvolvido.

Nada existe ao acaso no mundo e mesmo num sentido secundário nada existe de desordenado, na medida em que a desordem é ordenada por uma mão soberana que a sujeita à regra e à força para concorrer para o objectivo.

Uma revolução é apenas um movimento político que deve produzir um certo efeito num determinado tempo. Este movimento tem as suas leis; e, observando-as atentamente por uma certa extensão de

CAP. X – DOS PRETENSOS PERIGOS DE UMA CONTRA- ... | 267

tempo, podem-se retirar conjecturas razoavelmente certas para o futuro. Ora, uma das leis da Revolução francesa é que os emigrados só podem atacar para a sua desgraça, e que estão totalmente excluídos de qualquer obra que se opere. Desde as primeiras quimeras da contra-revolução, desde o empreendimento de Quiberon, a lamentar eternamente, nada tentaram que tenha resultado, e até que não se tenha virado contra eles. Não só não são bem sucedidos, mas tudo o que iniciam está marcado por um tal carácter de impotência e de nulidade que a opinião pública se acostumou a olhá-los como homens que se obstinam na defesa de um partido proscrito; o que lança sobre eles um desfavor de que os seus amigos se apercebem.

E este desfavor surpreende pouco os homens que pensam que a Revolução francesa teve por causa principal a degradação moral da nobreza.

O Senhor de Saint-Pierre[191] observa algures, nos seus *Estudos da Natureza*, que se se compara a figura

---

[191] Explica Darcel que Bernardin de Saint-Pierre defendia que os homens desfeavam à medida que a sua natureza se tornava viciada. No domínio das ciências naturais, Saint-Pierre defendeu a teoria de que as marés, as correntes oceânicas e a rotação da terra eram explicadas por efusões alternadas dos calotes polares. Cf Cons. Sur la France, pág. 178.

268 | CONSIDERAÇÕES SOBRE A FRANÇA

dos nobres franceses com a dos seus antepassados, de que a pintura e escultura nos transmitiram os traços, é evidente que estas raças degeneraram.

Pode-se acreditar nele neste ponto, mais do que sobre as efusões polares e o aspecto da terra.

Há em cada estado um certo número de famílias a que se poderia chamar co-soberanas, mesmo nas monarquias; porque a nobreza, nestes governos, é apenas um prolongamento da soberania. Estas famílias são as depositárias do fogo sagrado; ele extingue--se quando elas deixam de ser *virgens*.

É uma questão saber se estas famílias, uma vez extintas, podem ser perfeitamente substituídas. Não se deve crer menos, se nos quisermos exprimir com exactidão, que os soberanos possam *nobilitar*. Há famílias novas que se elevam, por assim dizer, na administração do Estado, que escapam da igualdade de uma forma impressionante, e se erguem entre as outras como árvores marcadas, poupadas ao machado numa mata de corte. Os soberanos podem sancionar estas nobilitações naturais; é a isto que se limita o seu poder. Se eles contrariam um número muito grande destas nobilitações, ou se se permitem fazê--las em excesso *do seu pleno poder*, trabalham para a destruição dos seus estados. A falsa nobreza era uma das maiores chagas de França: outros impérios com menor brilho estão fatigados e desonrados por ela, enquanto esperam outros males.

CAP. X – DOS PRETENSOS PERIGOS DE UMA CONTRA- ... | 269

A filosofia moderna, que tanto gosta de falar do *acaso*, fala sobretudo do acaso da nascença; é um dos seus textos preferidos. Mas não existe mais acaso neste ponto do que sobre outros: há famílias nobres como há famílias soberanas. O homem pode fazer um soberano? Quanto muito, ele pode servir de instrumento para desapossar um soberano e entregar os seus estados a um outro soberano já príncipe[192]. De resto, nunca existiu uma família soberana a quem se pudesse atribuir uma origem plebeia: se este fenómeno surgir, será uma nova época do mundo[193].

Guardadas as proporções, isto sucede na nobreza como na soberania. Sem entrar em maiores detalhes, contentemo-nos em observar que se a nobreza abjurar dos dogmas nacionais, o Estado está perdido[194].

---

[192] **E mesmo a maneira como o poder humano é empregue nestas circunstâncias é sempre próprio para o humilhar. É aqui sobretudo que se pode dirigir ao homem as palavras de Rousseau: *Mostra-me o poder, eu te mostrarei a tua fraqueza.*** (nota de Joseph de Maistre).

[193] **Ouve-se muito frequentemente que *se Richard Cromwell tivesse o génio do seu pai, teria tornado o protectorado hereditário na sua família.* Está muito bem dito!** (nota de Joseph de Maistre).

[194] **Um sábio italiano fez uma observação singular. Depois de ter observado que a nobreza é a guardiã natural, e como que depositária da religião nacional, e que esta característica é mais notória à medida que se eleva em direcção à origem das nações e das coisas, ele**

270 | CONSIDERAÇÕES SOBRE A FRANÇA

O papel desempenhado por alguns nobres na Revolução francesa é mil vezes, não digo mais horrível, mas mais terrível, do que tudo o que se viu nessa revolução.

Não existe sinal mais assustador, mais decisivo, do terrível julgamento tomado sobre a Monarquia francesa.

Perguntar-se-á talvez o que é que estas faltas podem ter em comum com os emigrados que as detestam. Respondo que os indivíduos que compõem as Nações, as famílias e mesmo os corpos políticos, são solidários: é um facto. Respondo em segundo lugar, que as causas dos sofrimentos da nobreza emigrada são bem anteriores à emigração. A diferença que observamos entre estes e aqueles nobres franceses não é, aos olhos de Deus, senão uma diferença de

---

acrescenta: *Talchè dee esser un gran segno, che vada a finire una nazione ove i Nobili disprezzanom la Religione natio*, Vico, *Principi di scienza nova*, **lib. 2, Nápoles, 1754, in-8.°, p. 246.**

"Portanto deve ser um grande sinal que vai acabar uma Nação onde os Nobres desprezam a Religião nacional."

Quando o sacerdócio se torna membro político do Estado, e as suas altas dignidades são ocupadas, em geral, pela alta nobreza, resulta disto a mais forte e a mais durável das constituições possíveis. Assim, o filosofismo, que é o dissolvente universal, veio realizar a sua obra-prima na Revolução francesa. (nota de Joseph de Maistre).

CAP. X – DOS PRETENSOS PERIGOS DE UMA CONTRA- ... | 271

longitude e latitude: não é por se estar aqui ou ali, que se é o que se deve ser; *e nem todos aqueles que dizem: Senhor! Senhor! entrarão no Reino*. Os homens só podem julgar o exterior; mas um certo nobre, em Coblence, podia ter maiores censuras a dirigir a si próprio que um outro nobre do lado esquerdo na assembleia dita *constituinte*. Enfim, a nobreza francesa não deve culpar ninguém excepto a si própria por todas as suas desgraças; e quando estiver bem convencida disso, terá dado um grande passo. As excepções, mais ou menos numerosas, são dignas do respeito do universo; mas só se pode falar em geral. Hoje, uma nobreza infeliz (que apenas pode sofrer um eclipse), deve curvar a cabeça e resignar-se. Um dia deverá beijar satisfeita *crianças que não trouxe no seu seio*: enquanto espera, não deve fazer mais esforços exteriores; talvez fosse mesmo de desejar que não se lhe tivesse visto uma atitude ameaçadora. Em todo o caso, a emigração foi um erro, e não uma falta: a maioria julgava obedecer a imperativos de honra.

Numen abire jubet; prohibent discedere leges[195]

O Deus acabou por levá-los.

Existiriam muitas outras reflexões a fazer sobre este ponto; restrinjamo-nos ao facto que é evidente.

---

[195] "Um deus ordena-lhe que parta; mas as leis opõem-se à sua partida". Ovídio, *Metamorfoses*, XV-28.

272 | CONSIDERAÇÕES SOBRE A FRANÇA

Os emigrados nada podem, pode-se mesmo acrescentar que nada são; porque todos os dias o seu número diminui sem intervenção do governo, por uma continuidade dessa lei invariável da Revolução francesa, que quer que tudo se faça apesar dos homens e contra todas as probabilidades.

Tendo grandes desgraças afligido os emigrados, todos os dias eles se aproximam dos seus concidadãos; o azedume desaparece: de parte a parte começa-se a relembrar a pátria comum; estende-se a mão e mesmo sobre o campo de batalha, reconhecem-se irmãos. A estranha amálgama que nós vemos desde há algum tempo não tem causa visível, porque as leis são as mesmas; mas não é por isso menos real. Assim é constante que os imigrantes nada são em número; que eles nada são pela força e que cedo nada mais serão pelo ódio.

Quanto às paixões mais robustas de um pequeno número de homens, podemos negligenciar ocuparmo-nos destas.

Mas há ainda uma reflexão importante sobre a qual não devo passar em silêncio. Há quem se apoie nalguns discursos imprudentes, que escaparam a alguns homens jovens, levianos ou azedados pela desgraça, para assustar os Franceses sobre o retorno destes homens. Concedo, para pôr todas as suposições contra mim, que estes discursos anunciam realmente intenções irrevogáveis: acredite-se que aqueles

CAP. X – DOS PRETENSOS PERIGOS DE UMA CONTRA- ... | 273

que as enunciam estariam em estado de as executar após o restabelecimento da Monarquia. Enganar--se-iam muito. No momento em que o governo legítimo se restabelecesse, estes homens teriam apenas forças para obedecer. A anarquia necessita da vingança; a ordem exclui-a severamente. Um homem que, neste momento, fala apenas em punir, encontrar-se-á então rodeado de circunstâncias que o forçarão a querer apenas aquilo que a lei quer; e, no seu próprio interesse, ele será um cidadão tranquilo, e deixará a vingança aos tribunais. Deixamo-nos sempre ofuscar pelo mesmo sofisma: *um partido causou estragos enquanto dominava; então, a parte contrária causará estragos quando por sua vez dominar.* Nada é mais falso. Em primeiro lugar, este sofisma supõe que há de uma e da outra parte a mesma soma de vícios; o que seguramente não é verdade. Sem insistir muito sobre as virtudes dos realistas, estou seguro ao menos de ter do meu lado a consciência universal, quando afirmo simplesmente que há menos virtudes do lado da república. Além disso, apenas os precedentes, separados das virtudes, assegurariam a França que ela não pode sofrer da parte dos realistas nada de semelhante ao que suportou dos seus inimigos.

A experiência já mostrou um prelúdio sobre este ponto, para tranquilizar os franceses; eles viram, em mais de uma ocasião, que o partido que tudo sofreu da parte dos seus inimigos, não se soube vingar

274 | CONSIDERAÇÕES SOBRE A FRANÇA

quando os teve em seu poder. Um pequeno número de vinganças, que deram um grande brado, provam a mesma proposição; porque se viu que a denegação mais escandalosa da justiça apenas pode provocar estas poucas vinganças e que ninguém teria feito justiça pelas próprias mãos, se o governo tivesse podido ou querido fazê-la.

Além disso, é da maior evidência que o interesse mais premente do Rei será evitar as vinganças. Não é saindo dos males da anarquia que ele quereria trazê-la de volta. A ideia mesmo da violência fá-lo--á empalidecer e este crime será o único que ele não acreditará ter direito de perdoar.

Também a França está muito fatigada de convulsões e horrores. Ela não quer mais sangue; e dado que a opinião pública é já suficientemente forte para pressionar o partido que o quisesse, pode-se julgar da sua força na época em que tiver o governo. Depois de males tão longos e terríveis, os Franceses descansarão nas delícias dos braços da Monarquia. Todo o atentado contra esta tranquilidade será verdadeiramente um crime de *lesa-nação*, que os tribunais não terão talvez tempo de punir.

As suas razões são tão convincentes que é impossível não as compreender: também não convém ser enganado pelos escritos em que vemos uma filantropia hipócrita passar condenações sobre os horrores da Revolução e apoiar-se nestes excessos para

CAP. X – DOS PRETENSOS PERIGOS DE UMA CONTRA- ... | 275

estabelecer a necessidade de prevenir uma segunda. Na verdade, eles só condenam esta Revolução para não excitarem contra si o grito universal. Mas na realidade amam-na: amam os seus autores e os seus resultados; e de todos os crimes que ela produziu, só condenam aqueles que não lhe eram indispensáveis. Não existe um único destes escritos onde não se encontrem provas evidentes de que os autores têm inclinação pelo partido que condenam por pudor. Assim os Franceses, sempre enganados, são-no mais do que nunca nesta ocasião. Têm medo por si próprios em geral, e nada têm a temer; e sacrificam a sua felicidade para contentar alguns miseráveis.

Se as teorias mais evidentes não podem convencer os Franceses, e se eles não conseguem ainda acreditar que a Providência é a guardiã da ordem, e que não é de todo igual agir contra ela ou a seu favor, julguemos, pelo menos, aquilo que ela fará, por aquilo que fez. E se o nosso entendimento não é suficiente, acreditemos ao menos na história, que é a política experimental. A Inglaterra deu, no século passado, um espectáculo muito parecido com o que França deu no nosso século. O fanatismo da liberdade, aquecido pelo da religião, penetrou lá nas almas mais profundamente do que em França, onde o culto da liberdade se apoia no nada. Que diferença, aliás, no carácter das duas nações, e no carácter dos actores que desempenharam um papel nas duas cenas! Onde

276 | CONSIDERAÇÕES SOBRE A FRANÇA

estão, não digo os Hamden, mas os Cromwell de França? E ainda assim, apesar do fanatismo inflamado dos republicanos, apesar da firmeza reflectida do carácter nacional, apesar dos erros demasiado convictos de numerosos culpados e sobretudo do exército, o restabelecimento da Monarquia causou em Inglaterra tumultos semelhantes àqueles causados pela revolução regicida? Que nos mostrem as vinganças atrozes dos realistas. Alguns regicidas pereceram pela autoridade das leis; de resto, não houve nem combates nem vinganças particulares. O retorno do Rei foi apenas marcado por um grito de alegria que ressoou em toda a Inglaterra; todos os inimigos se abraçaram. O Rei, admirado com o que via, exclamou enternecido: *Não é por minha culpa que fui rejeitado durante tanto tempo por um povo tão bom!* O ilustre Clarendon[196], testemunha e historiador íntegro destes grandes acontecimentos, diz-nos *que não se sabia mais onde estava o povo que tinha cometido tantos excessos e privado durante tanto tempo o rei da felicidade de reinar sobre excelentes súbditos.*

É caso para dizer que o *povo* não reconhecia mais o *povo*. Não se poderia dizer melhor.

Mas esta grande transformação, a que se deveu? A nada, ou, para melhor dizer, a nada de visível: um ano antes, ninguém a diria possível. Não se sabe mesmo se foi provocado por um realista; porque

---

[196] **Hume, t. X, cap. LXII, 1660.** (nota de Joseph de Maistre).

CAP. X – DOS PRETENSOS PERIGOS DE UMA CONTRA- ... | 277

é um problema insolúvel saber em que época começou Monk a servir de boa fé a Monarquia.

Ao menos eram as forças dos realistas que se impunham ao partido contrário? De forma nenhuma: Monk tinha apenas seis mil homens; os republicanos tinham cinco ou seis vezes mais: eles ocupavam todos os cargos, e ocupavam militarmente o reino inteiro. Porém Monk não se viu forçado a entrar num único combate; tudo se fez sem esforço e como que por encantamento: sucederá o mesmo em França. O retorno à ordem não pode ser doloroso, porque será natural, e porque será favorecido por uma força secreta, cuja acção tudo cria. Ver-se-á precisamente o contrário de tudo o que se viu. Em vez de comoções violentas, de rupturas dolorosas e de oscilações perpétuas e desesperantes, uma certa estabilidade, um repouso indefinível, um bem-estar universal, anunciarão a presença da soberania. Não existirão abalos, violências, nem mesmo suplícios, excepto aqueles que a verdadeira Nação aprovar: mesmo o crime e as usurpações serão tratados com uma severidade comedida, com a justiça calma que pertence apenas ao poder legítimo. O rei tocará as chagas do Estado com uma mão tímida e paternal. Enfim, aqui está a grande verdade, de que os Franceses não se convenceram ainda: o restabelecimento da Monarquia, a que se chama *contra-revolução*, não será uma *revolução contrária*, mas o *contrário da Revolução*.

CAPÍTULO XI

Fragmento de uma História da Revolução francesa, por David Hume[197]

EADEM MUTATA RESURGO[198]

... O Longo Parlamento declarou, por um juramento solene, que não podia ser dissolvido, pág. 181. Para assegurar o seu poder, não cessava de agir sobre os espíritos do povo: tanto aquecia os espíritos através de discursos artificiosos, pág. 176; como se fazia receber de todas as partes do Reino petições no sentido da Revolução, pág. 133. O abuso da imprensa era levado ao cúmulo: numerosos clubes produziam em todo o lado tumultos ardentes: o fanatismo tinha a sua língua particular; era um jargão novo, inventado pelo furor e pela hipocrisia do tempo, pág. 131. A mania universal era invectivar contra os abusos passados, pág. 129. Todas as antigas institui-

---

[197] **Cito a edição inglesa de Bâle, 12 volumes in-8.°, de Legrand, 1789.** (nota de Joseph de Maistre).
[198] "Transformada, levanto-me e sou a mesma."

280 | CONSIDERAÇÕES SOBRE A FRANÇA

ções foram transformadas umas atrás das outras, pág. 125, 188. A *bill de self deniance* e o *New-model* desorganizavam em absoluto o exército, e davam-lhe uma nova forma e uma nova composição, que forçaram um conjunto de antigos oficiais a demitirem-se dos seus postos, pág. 13. Todos os crimes eram postos na conta dos realistas, pág. 148; e a arte de enganar o povo e de o assustar foi levada ao ponto de ser possível convencê-lo de que os realistas tinham minado o Tamisa, pág. 177. Nada de rei!, nada de nobreza!, igualdade universal! Era o grito geral, pág. 87. Mas no meio da efervescência popular, distinguia-se o grupo exagerado dos *Independentes* que acabou por dominar o Longo Parlamento, pág. 374.

Contra uma tal tempestade, a bondade do Rei era inútil. Mesmo as concessões que eram feitas ao seu povo eram caluniadas como sendo feitas sem boa-fé, pág. 186.

Era através destes preliminares que os rebeldes tinham preparado a perda de Carlos I; mas um simples assassinato não teria satisfeito os seus intentos; esse crime não teria sido suficientemente nacional. A vergonha e o perigo cairiam apenas sobre os assassinos. Era pois necessário imaginar um outro plano; era necessário espantar o universo com um procedimento nunca visto, ultrapassar os limites da justiça, e cobrir a crueldade com a audácia; era preciso, num frase, fanatizando o povo pelas noções de uma

CAP. XI – FRAGMENTOS DE UMA HISTÓRIA DA REVOLUÇÃO... | 281

igualdade perfeita, assegurar a obediência do maior número, e ir formando insensivelmente uma coligação geral contra a realeza, t. 10, pág. 91. O enfraquecimento da Monarquia foi o preliminar da morte do Rei. Este Príncipe foi destronado de facto e a constituição inglesa foi revertida (em 1648) pelo decreto de *non-adresse* que o separou da constituição.

Cedo as calúnias mais atrozes e mais ridículas foram espalhadas sobre o Rei para destruir o respeito que é a salvaguarda dos tronos. Os rebeldes nada esqueceram para manchar a sua reputação; acusaram-no de ter entregue territórios aos inimigos de Inglaterra, de ter feito correr o sangue dos seus súbditos. Era pela calúnia que preparavam a violência, pág. 94.

Durante a prisão do rei no castelo de Carisbone, os usurpadores do poder empenharam-se em acumular sobre a cabeça deste infeliz príncipe todo os géneros de durezas. Privaram-no dos seus servidores; não lhe permitiram nenhuma comunicação com os seus amigos: nenhum convívio ou distracção lhe eram permitidas para adoçar a melancolia dos seus pensamentos. Ele esperava ser, a todo o instante, assassinado ou envenenado[199]; porque a ideia de

[199] **Era esta também a opinião de Luís XVI. Veja-se o seu elogio histórico.** (nota de Joseph de Maistre).

282 | CONSIDERAÇÕES SOBRE A FRANÇA

um julgamento não lhe tinha cruzado o pensamento, pág. 59 e 95.

Enquanto o rei sofria cruelmente na sua prisão, o Parlamento fazia publicar que ele se encontrava muito bem e de excelente humor, *ibid*[200].

A grande fonte da qual o rei tirava todas as suas consolações, no meio das calamidades que o esmagavam, era sem dúvida a religião. O príncipe nada tinha de duro nem de austero, nada que lhe inspirasse ressentimento contra os seus inimigos, que pudesse alarmá-lo em relação ao futuro. Enquanto tudo à sua volta tomava um aspecto hostil; enquanto a sua família, os seus parentes, os seus amigos eram afastados de si e impedidos de lhe serem úteis, ele lançava-se com confiança nos braços do Ser Supremo, cujo poder penetra e sustém o universo e cujos castigos, recebidos com piedade e resignação, pareciam ao Rei o penhor mais certo de uma recompensa infinita, pág. 95 e 96.

As pessoas de leis conduziram-se mal nesta circunstância. Bradshaw, que era desta profissão, não corou ao presidir ao tribunal que condenou o rei; e Coke tomou partido público pelo povo, pág. 123. O tri-

---

[200] **Lembramo-nos de ter lido no jornal de *Condorcet* um trecho sobre o bom apetite do Rei no seu retorno de Varennes.** (nota de Joseph de Maistre).

CAP. XI – FRAGMENTOS DE UMA HISTÓRIA DA REVOLUÇÃO... | 283

bunal foi composto de oficiais do exército revoltado, membros da câmara baixa, e burgueses de Londres; quase todos eram de baixa extracção, pág. 123.

Carlos não duvidava da sua morte; ele sabia que um rei raramente é destronado sem perigo; mas acreditava antes num assassinato do que num julgamento solene, pág. 122.

Na sua prisão, estava já destronado: tinham afastado dele toda a pompa do seu estatuto e as pessoas que se aproximavam dele tinham recebido ordens para o tratar sem nenhuma marca de respeito, pág. 122. Depressa ele se habituou a suportar as familiaridades e mesmo as insolências destes homens, como tinha suportado outras infelicidades.

Os juízes do rei intitulavam-se os *Representantes do povo*, pág. 124. Do povo... princípio único de todo o poder legítimo, pág. 127, e que o acto de acusação exibia: *Que abusando do poder limitado que lhe havia sido confiado, ele tinha tentado, traidora e maliciosamente, elevar um poder ilimitado e tirânico sobre as ruínas da liberdade.*

Depois da leitura do acto, o Presidente disse ao Rei *que ele podia falar.* Carlos I mostrou nas suas respostas muita presença de espírito e fortaleza de alma, pág. 125. E todo a gente concorda que a sua conduta, nesta última cena da sua vida, honra a sua memória, pág. 127. Firme e intrépido, ele põe nas suas respostas a maior clareza e a maior justeza de pensamento e de expressão, pág. 128. Sempre doce,

284 | CONSIDERAÇÕES SOBRE A FRANÇA

sempre igual, o poder injusto que era exercido contra ele não o fazia ultrapassar os limites da moderação. A sua alma, sem esforço nem afectação, parecia estar no seu estado habitual e contemplar com desprezo os esforços da injustiça e da maldade dos homens, pág. 128.

O povo, em geral, permaneceu no silêncio que é o resultado das grandes paixões comprimidas; mas os soldados, tomados por todos os géneros de seduções, chegaram enfim até uma espécie de raiva e olhavam como um título de glória o crime horrendo de que se manchavam, pág. 130.

Atribuiu-se três dias de adiamento ao Rei; ele passou este tempo tranquilamente, gastou-o em grande parte na leitura e em exercícios de piedade; foi-lhe permitido ver a sua família, que recebeu dele excelente conselho e grandes sinais de ternura, pág. 130. Ele dormia pacificamente, como habitual, nas noites que precederam o seu suplício. Na manhã do dia fatal, levantou-se cedo e teve os habituais cuidados a arranjar-se, pág. 131. Um ministro da religião que possuía esse carácter doce e essas virtudes sólidas que distinguiam o rei, assistiu-o nos seus últimos momentos, pág. 132.

O cadafalso foi colocado, deliberadamente, em frente ao palácio, para mostrar de uma maneira mais impressionante a vitória obtida pela justiça do povo sobre a majestade real. Quando o Rei subiu ao cadafalso, encontrou-o rodeado de uma força armada tão considerável que ele não pôde orgulhar-se de ser ouvido pelo povo, de maneira que foi obrigado a dirigir as suas últimas palavras ao pequeno número de pessoas que se encontravam perto dele. Ele perdoou aos seus inimigos; não acusou ninguém; fez votos a favor do seu povo. *Sire*, disse-lhe o prelado que o assistia, *mais um passo! É difícil mas é curto, e deve conduzir-vos ao céu.* – *Eu vou*, disse o rei, *trocar uma coroa perecível por uma coroa incorruptível e uma felicidade inalterável.*

Um só golpe separou a cabeça do corpo. O carrasco mostrou-a ao povo, gotejante de sangue, gritando em voz alta: *Eis a cabeça de um traidor!*, pág. 132 e 133.

Este príncipe mereceu mais o título de *bom* do que de *grande*. Algumas vezes prejudicava os assuntos, deferindo-os a despropósito, seguindo o conselho de pessoas com capacidade inferior à sua. Estava mais preparado para conduzir um governo regular e pacífico do que para iludir ou repelir os assaltos de uma assembleia popular, pág. 136; mas, se ele não teve a coragem para agir, teve sempre a coragem para sofrer. Ele nasceu, para sua desgraça, em tempos difíceis, e se não teve habilidade suficiente para se livrar de uma situação tão embaraçosa, é fácil desculpá-lo, porque mesmo após o acontecimento, quando é geralmente fácil perceber todos os erros, é ainda um grande problema saber o que ele deveria ter feito, pág. 137. Exposto sem socorro ao choque

286 | CONSIDERAÇÕES SOBRE A FRANÇA

das paixões mais odiosas e mais implacáveis, nunca lhe foi possível cometer o menor erro sem lançar sobre si as mais fatais consequências; posição cuja dificuldade ultrapassa as forças do maior talento, pág. 137.

Quis-se lançar dúvidas sobre a sua boa-fé; mas o exame mais escrupuloso da sua conduta, que é hoje perfeitamente conhecido, refuta plenamente esta acusação; pelo contrário, quando se considera as circunstâncias excessivamente espinhosas em que ele se viu envolvido e quando se compara a sua conduta com as suas declarações, ser-se-á forçado a concordar que a honra e a probidade formavam a parte mais saliente do seu carácter, pág. 137.

A morte do rei pôs o selo na destruição da Monarquia. Ela foi destruída por decreto expresso do corpo legislativo. Gravou-se um selo nacional com a legenda: ANO PRIMEIRO DA LIBERDADE. Todas as formas mudaram e o nome do Rei desapareceu em todo o lado, substituído pelos nomes dos Representantes do povo, pág. 142. O *Banco do Rei* passou a chamar-se *Banco Nacional*. A estátua do Rei erguida na Bolsa foi retirada; e gravou-se as seguintes palavras no pedestal: EXIIT TYRANNUS REGUM ULTIMUS[201], pág. 143.

[201] "Foi expulso o último Rei tirano".

CAP. XI – FRAGMENTOS DE UMA HISTÓRIA DA REVOLUÇÃO... | 287

Carlos, morrendo, deixou aos seus povos uma imagem de si próprio (ΕΙΚΩΝ ΒΑΣΙΛΙΚΗ[202]) naquele escrito famoso, obra-prima de elegância, candura e simplicidade. Este escrito, que transpira apenas piedade, doçura e humanidade, fez uma impressão profunda nos espíritos. Vários chegaram a considerar que é a ele que se deve atribuir o restabelecimento da Monarquia, pág. 146.

É raro que o povo ganhe alguma coisa com as revoluções que mudam a forma dos governos, pela razão de que a nova instituição, necessariamente invejosa e desconfiada, tem necessidade, para se manter, de mais interdições e severidade que a anterior, pág. 100.

Nunca a verdade desta observação se fez sentir mais vivamente do que nesta ocasião. As declarações contra alguns abusos na administração da justiça e das finanças tinham sublevado o povo; e, como preço da vitória que obteve sobre a monarquia, encontrou-se sobrecarregado de impostos desconhecidos até então. A custo o governo se dignava adoptar uma aparência de justiça e liberdade. Todos os cargos foram confiados à mais abjecta populaça, que se encontrava assim elevada acima de tudo o que até então respeitava. Os hipócritas dedicavam-se a todos

---

[202] "Imagem real".

288 | CONSIDERAÇÕES SOBRE A FRANÇA

os géneros de injustiças sob a máscara da religião, pág. 100. Exigiam empréstimos forçados e exorbitantes a todos os que declaravam suspeitos. Nunca tinha a Inglaterra visto um governo tão duro e tão arbitrário como aquele dos mestres da liberdade, pág. 112, 113.

O primeiro acto do Longo Parlamento tinha sido um juramento, pelo qual declarava que não podia ser dissolvido, pág. 181.

A confusão geral que se seguiu à morte do Rei não resultou menos do espírito de inovação, que era a doença do dia, que da destruição dos antigos poderes. Cada um queria fazer a sua república; cada um tinha os seus planos, que queria ver adoptados pelos seus concidadãos, pela força ou pela persuasão: mas estes planos não eram mais do que quimeras estranhas à experiência, e que se recomendavam à multidão apenas pelo jargão da moda e pela eloquência popular, pág. 147. Os Igualitaristas rejeitavam toda a espécie de dependência ou subordinação[203]. Um grupo em particular esperava um

---

[203] *Queremos um governo ... onde as distinções nasçam apenas da própria igualdade; onde o cidadão está sujeito ao magistrado, o magistrado ao povo, e o povo à justiça.* **Robespierre. Veja-se o *Moniteur* de 7 de Fevereiro de 1794.** (nota de Joseph de Maistre).

CAP. XI – FRAGMENTOS DE UMA HISTÓRIA DA REVOLUÇÃO... | 289

reino de mil anos[204]; e os seus opositores sustentavam que as obrigações da moral e da lei natural estavam suspensas. Um partido considerável pregava contra a dízima e os abusos do sacerdócio: pretendiam que o Estado não devia proteger nem pagar nenhum culto, deixando a cada um a liberdade de pagar ao que melhor lhe conviesse. De resto, todas as religiões eram toleradas, excepto a católica. Um outro partido invectivava contra a jurisprudência do país e contra os mestres que a ensinavam; e sob o pretexto de simplificar a administração da justiça, propunha-se alterar profundamente todo o sistema de legislação inglesa, considerado excessivamente ligado ao governo monárquico, pág. 148. Os republicanos ardentes aboliram os nomes de baptismo, para os substituir por nomes extravagantes, análogos ao espírito da revolução, pág. 242. Decidiram que não sendo o casamento mais que um simples contrato, devia ser celebrado por e perante magistrados civis, pág. 242. Enfim, é uma tradição em Inglaterra, que eles levaram o fanatismo ao ponto de suprimir a palavra Reino na oração dominical, dizendo: *Venha a nós a Vossa república.* Quanto à ideia da *propaganda,* à semelhança da propaganda romana, ela pertence a Cromwell, pág. 285.

[204] **Não convém passar com ligeireza sobre este traço de parecença.** (nota de Joseph de Maistre).

Os republicanos menos fanáticos colocavam-se igualmente para além de todas as leis, de todas as promessas, de todos os juramentos. Todos os laços da sociedade estavam frouxos, e as paixões mais perigosas agravavam-se, apoiando-se sobre máximas especulativas ainda mais anti-sociais, pág. 148.

Os realistas, privados das suas propriedades e escorraçados dos seus empregos, viam com horror os ignóbeis inimigos que os esmagavam com o seu poder; eles conservavam, por princípio e por sentimento, a mais terna afeição pela família do infortunado soberano, cuja memória não cessavam de honrar e cujo fim trágico não cessavam de deplorar.

Por outro lado, os Presbiterianos, fundadores da república, cuja influência havia feito valer as armas do Longo Parlamento, estavam indignados ao ver que o poder lhes escapava, e que, pela traição ou pela destreza dos seus próprios associados, perdiam o fruto dos seus trabalhos passados. Este descontentamento empurrava-os para o partido realista, mas sem poderem ainda decidir-se: restavam-lhes grandes preconceitos a vencer; faltava ultrapassar muitos medos, muitas invejas, antes que lhes fosse possível ocuparem-se sinceramente da restauração de uma família que eles tinham tão cruelmente ofendido.

Depois de terem assassinado o seu rei com tantas formas aparentes de justiça e de solenidade, mas de facto com tanta violência e mesmo raiva, estes

CAP. XI – FRAGMENTOS DE UMA HISTÓRIA DA REVOLUÇÃO... | 291

homens pensaram atribuir-se uma forma regular de governo: estabeleceram um grande Comité ou Conselho de Estado, que estava revestido do poder executivo. Este Conselho comandava as forças na terra e no mar: recebia todas as missivas, fazia executar as leis e preparava todos os assuntos que deviam ser submetidos ao Parlamento, pág. 150, 151. A administração estava dividida em diversos comités que se tinham apoderado de tudo, pág. 143, e que não prestavam contas de nada, pág. 166, 167.

Apesar dos usurpadores do poder, pelo seu carácter e pela natureza dos instrumentos que empregavam, estarem mais preparados para os empreendimentos vigorosos do que para as meditações da legislatura (pág. 209), ainda assim a Assembleia como corpo tinha ares de não se ocupar de mais do que a legislação do país. A crer nela, trabalhava num novo plano de representação e desde que a Assembleia tivesse concluído a constituição, não tardaria a devolver ao povo o poder de que ele era a origem, pág. 151.

Esperando, os representantes do povo acharam por bem estender as leis de alta traição muito além dos limites fixados pelo antigo governo. Simples discursos, mesmo intenções, ainda que não fossem manifestados por nenhum acto exterior, levavam o nome de *conspiração*. Afirmar que o governo actual não era legítimo, sustentar que a Assembleia dos Representantes ou o Comité exerciam um poder

292 | CONSIDERAÇÕES SOBRE A FRANÇA

tirânico ou ilegal, procurar derrubar a sua autoridade, ou excitar contra eles algum movimento sedicioso, significava tornar-se culpado de alta traição. Deste poder de aprisionar de que haviam privado o Rei, julgaram necessário investir o Comité, e todas as prisões de Inglaterra foram cheias de homens que as paixões do partido dominante apresentavam como suspeitos, pág. 163.

Era um grande prazer para os novos mestres despojar os senhores dos nomes associados às suas propriedades; e quando o bravo Montrose foi executado na Escócia, os seus juízes não perderam a ocasião de lhe chamar *Jacques Graham*, pág. 180.

Além das imposições desconhecidas até então e severamente continuadas, lançou-se um novo imposto sobre o povo, que reunia noventa mil libras *sterling* por mês para sustento das forças armadas. As somas imensas que os usurpadores do trono tiravam dos bens da coroa, do clero e dos realistas não era suficiente para as enormes despesas ou, como se dizia, para as *depredações* do Parlamento e das suas criaturas, pág. 163, 164.

Os palácios do Rei foram pilhados e as suas mobílias foram postas em hasta pública; os seus quadros, vendidos a baixo valor, enriqueceram todas as colecções da Europa; secretárias que tinham custado 50.000 guinéus foram dadas por 300, pág. 388.

CAP. XI – FRAGMENTOS DE UMA HISTÓRIA DA REVOLUÇÃO... | 293

Os pretensos Representantes do povo não tinham, no fundo, nenhuma popularidade. Incapazes de pensamentos elevados e de grandes conceitos, nada lhes era menos apropriado que o papel de legisladores. Egoístas e hipócritas, avançavam tão lentamente na grande obra da constituição que a nação começou a temer que a sua intenção fosse perpetuarem-se nos seus cargos, e dividir o poder entre sessenta ou setenta pessoas que se intitulavam *os Representantes da República inglesa*. Enquanto se envaideciam de restabelecer os direitos da nação, eles violavam o mais imemorial dos direitos, de que ela gozava desde tempos imemoriais. Não ousavam confiar os julgamentos de conspirações aos tribunais regulares, que não teriam servido adequadamente os seus propósitos: estabeleceram então um tribunal extraordinário que recebia os actos de acusação entregues pelo Comité, pág. 206, 207. Este tribunal era composto por homens dedicados ao partido dominante, sem nome, sem carácter e capazes de sacrificar tudo à sua segurança e ambição.

Quanto aos realistas apanhados com armas nas mãos, um conselho militar condenou-os à morte, pág. 207.

A facção que se tinha apoderado do poder dispunha de um poderoso exército; era o suficiente para esta facção, apesar de formar apenas uma muito pequena minoria da nação, pág. 149. Tal é a força

294 | CONSIDERAÇÕES SOBRE A FRANÇA

de um qualquer governo uma vez estabelecido, que esta república, apesar de fundada sobre a usurpação mais iníqua e mais contrária aos interesses do povo, tinha porém a força de levantar, em todas as províncias, soldados nacionais que se vinham misturar com as tropas regulares para combater com todas as suas forças o partido do rei, pág. 199. A guarda nacional de Londres bateu-se em Newbury tão bem como os antigos bandos (em 1643). Os oficiais encorajavam os seus soldados e os novos republicanos marchavam para o combate cantando hinos exaltados, pág. 13.

Um exército numeroso tinha o duplo efeito de manter no interior uma autoridade despótica e de aterrorizar as nações estrangeiras. As mesmas mãos reuniam a força dos exércitos e o poder financeiro. As dissenções civis tinham exaltado o génio militar da nação. A ruína universal produzida pela revolução permitia a homens nascidos nas últimas classes da sociedade elevarem-se a comandos militares dignos da sua coragem e dos seus talentos, mas que a obscuridade do seu nascimento teria afastado para sempre num outro estado das coisas, pág. 209. Viu--se um homem, com 50 anos de idade (Blake), passar subitamente do serviço de terra ao serviço do mar e distinguir-se da maneira mais brilhante, pág. 210.

No meio das cenas, ora ridículas ora deploráveis, que dava o governo civil, a força militar era con-

CAP. XI – FRAGMENTOS DE UMA HISTÓRIA DA REVOLUÇÃO... | 295

duzida com muito vigor, unidade e inteligência; nunca a Inglaterra se tinha mostrado tão poderosa aos olhos das potências estrangeiras, pág. 248. Um governo inteiramente militar e despótico é quase certo que vai cair, ao fim de algum tempo, num estado de languidez e impotência; mas, quando sucede imediatamente a um governo legítimo, pode nos primeiros momentos manifestar uma força surpreendente, porque emprega com violência os meios acumulados pela doçura, pág. 262. É o espectáculo que apresentava Inglaterra nesta época. O carácter doce e pacífico dos seus dois últimos Reis, a dificuldade das finanças e a segurança perfeita em que ela se encontrava face aos seus vizinhos tinham-na tornado distraída à política externa; de maneira que Inglaterra tinha, de alguma maneira, perdido o estatuto que lhe pertencia no sistema geral da Europa; mas o governo republicano devolveu-lho rapidamente, pág. 263. Apesar da revolução lhe ter custado rios de sangue, Inglaterra nunca pareceu tão formidável aos seus vizinhos, pág. 209, e a todas as nações estrangeiras, pág. 248. Nunca, durante os reinos dos mais justos e corajosos Reis, o seu peso na balança política foi sentido tão vivamente como sob o império dos mais violentos e odiosos usurpadores, pág. 263.

O Parlamento, orgulhoso do seu sucesso, pensava que nada podia resistir ao esforço dos seus exércitos; tratava com a maior altivez as potências de segunda ordem; e, por ofensas reais ou imaginárias, declarava a guerra ou exigia satisfações solenes, pág. 221.

Esse famoso Parlamento que tinha enchido a Europa do fragor dos seus crimes e dos seus sucessos, viu-se porém acorrentada por um só homem, pág. 128; e as nações estrangeiras não podiam explicar a si próprias como um povo tão turbulento e tão impetuoso que, para reconquistar aquilo a que chamava *os seus direitos usurpados*, tinha destronado e assassinado um excelente príncipe, descendente de uma longa dinastia de reis; como, digo, este povo se tinha tornado escravo de um homem até há pouco desconhecido da nação e cujo nome era pouco pronunciado mesmo na esfera obscura em que tinha nascido, pág. 236[205].

Mas esta mesma tirania que oprimia Inglaterra no interior, dava-lhe no exterior uma consideração de que ela não tinha gozado desde o reinado anterior ao último. O povo inglês parecia nobilitar-se pelos

---

[205] **Os homens que administravam eram tão alheios aos talentos da legislação, que se viu ser feito em quatro dias o acto constitucional que colocava Cromwell à cabeça da república.** *Ibid.*, **pág. 245.**

Pode-se lembrar a este propósito a constituição de 1795, *feita em poucos dias por alguns jovens*, **como se disse em Paris depois da queda dos trabalhadores.** (nota de Joseph de Maistre).

CAP. XI – FRAGMENTOS DE UMA HISTÓRIA DA REVOLUÇÃO... | 297

seus sucessos exteriores, à medida que se aviltava no seu interior pelo jugo que suportava; e a vaidade nacional, lisonjeada pelo papel importante que Inglaterra desempenhava no exterior, suportava menos impacientemente as crueldades e os ultrajes que se via forçada a engolir, pág. 280, 281.

Parece vir a propósito dar uma vista de olhos no estado geral da Europa nesta época e de considerar as relações de Inglaterra e a sua conduta em relação às potências vizinhas, pág. 262.

Richelieu era então primeiro-ministro de França. Foi ele que, pelos seus emissários, atiçou em Inglaterra o fogo da rebelião. De seguida, logo que a corte de França viu que os materiais de incêndio eram suficientemente combustíveis, e que este tinha feito grandes progressos, não mais julgou conveniente animar os Ingleses contra o seu Soberano; pelo contrário, França oferecia a sua mediação entre o Príncipe e os seus súbditos e sustinha com a família real exilada as relações diplomáticas prescritas pela decência, pág. 264.

No fundo, porém, Carlos não encontrou nenhuma assistência em Paris, e não foram mesmo pródigos em civilidades a seu respeito, pág. 170, 266.

Viu-se a rainha de Inglaterra, filha de Henrique IV, ocupar uma cama em Paris junto dos seus parentes, por falta de lenha para se aquecer, pág. 266.

298 | CONSIDERAÇÕES SOBRE A FRANÇA

Enfim, o Rei julgou necessário deixar França para evitar a humilhação de receber ordem de saída, pág. 267.

A Espanha foi a primeira potência a reconhecer a República, apesar da sua família real ser parente da de Inglaterra. Ela enviou um embaixador a Londres e recebeu um do Parlamento, pág. 268.

Estando a Suécia no auge da sua grandeza, a nova República procurou a sua aliança e obteve-a, pág. 263.

O rei de Portugal ousou fechar os seus portos ao almirantado republicano; mas assustado pelas suas perdas e pelos terríveis perigos de uma luta demasiado desigual, depressa fez todas as submissões imagináveis à orgulhosa República que consentiu em renovar a antiga aliança de Inglaterra e de Portugal, pág. 210.

Na Holanda, amava-se o Rei, ainda mais porque era parente da casa de Orange, extremamente querida do povo holandês. Lamentava-se além disso o infeliz rei, tanto quanto se abominava os assassinos do seu pai. Porém, a presença de Carlos, que tinha vindo buscar um asilo na Holanda, fatigava os Estados-gerais, que temiam comprometer-se face a esse Parlamento tão perigoso pelo seu poder e tão feliz nos seus empreendimentos. Havia tantos perigos em ofender homens tão altivos, tão violentos, tão precipitados nas suas resoluções, que o governo julgou

CAP. XI – FRAGMENTOS DE UMA HISTÓRIA DA REVOLUÇÃO... | 299

necessário dar uma prova de deferência à República, afastando-se do Rei, pág. 169.

Viu-se Mazarin empregar todos os recursos do seu génio ágil e intrigante para cativar o usurpador, cujas mãos gotejavam ainda do sangue de um rei, parente próximo da família real de França. Escreveu a Cromwell: *Lamento que os meus afazeres me impeçam de ir a Inglaterra apresentar os meus respeitos pessoalmente ao maior homem do mundo*, pág. 307.

Viu-se este mesmo Cromwell tratar como igual o rei de França, e pôr o seu nome antes do de Luís XIV na cópia de um tratado entre as duas nações, que foi enviado em Inglaterra, pág. 268 (nota).

Enfim, viu-se o Príncipe Palatino aceitar um lugar ridículo e uma pensão de oito mil libras *sterlings*, destes mesmos homens que haviam assassinado o seu tio, pág. 263 (nota).

Tal era o ascendente da República no exterior.

No interior, Inglaterra encerrava um grande número de pessoas que tinham como princípio ligar--se ao poder do momento e apoiar o governo esta-belecido, qualquer que ele fosse, pág. 239. À cabeça deste sistema estava o ilustre e virtuoso Blake, que dizia aos seus marinheiros: *O nosso dever invariável é o de combater pela nossa pátria, sem nos preocuparmos em que mãos reside o governo*, pág. 279.

Contra uma ordem das coisas tão bem estabeleci-da, os realistas não fizeram mais do que falsos

300 | CONSIDERAÇÕES SOBRE A FRANÇA

empreendimentos, que se viraram contra eles. O governo tinha espiões em todos os lados e não era difícil descobrir os projectos de um partido mais conhecido pelo seu zelo e fidelidade que pela sua prudência e discrição, pág. 259. Um dos grandes erros dos realistas era crer que todos os inimigos do governo eram do seu partido: não viam que os primeiros revolucionários, despojados do poder por uma nova facção, tinham apenas essa causa de descontentamento, e que ainda estavam menos afastados do poder actual que da monarquia, cujo restabelecimento os ameaçava das mais terríveis vinganças, pág. 259.

A situação destes infelizes realistas em Inglaterra era deplorável. Em Londres nada era mais desejado que estas conspirações imprudentes que justificavam as medidas mais tirânicas, pág. 260. Os realistas foram aprisionados; foi tomada a décima parte dos seus bens para indemnizar a República das despesas que lhe custavam os ataques hostis dos seus inimigos. Eles não se podiam resgatar senão através de somas consideráveis; um grande número foi reduzido à maior miséria. Bastava ser suspeito para ser esmagado por todas estas exacções, pág. 260, 261.

Mais de metade dos bens móveis e imóveis, rendas e rendimentos do Reino eram sequestrados. A miséria e desolação de um conjunto de famílias antigas e honradas era tocante, arruinadas por terem feito o seu dever, pág. 65, 67. O estado do clero não era

CAP. XI – FRAGMENTOS DE UMA HISTÓRIA DA REVOLUÇÃO... | 301

menos deplorável: mais de metade deste corpo estava reduzido à mendicidade, sendo o seu único crime a sua ligação aos princípios civis e religiosos garantidos por leis sob o império das quais eles haviam escolhido o seu estado e pela recusa de um juramento ao qual tinham horror, pág. 67.

O Rei, que conhecia o estado das coisas e dos espíritos, advertiu ele mesmo os realistas para se manterem em repouso e esconderem os seus verdadeiros sentimentos sob uma máscara republicana, pág. 254. Pela sua parte, ele, pobre e negligenciado, errava pela Europa, mudando de asilo segundo as circunstâncias, e consolando-se das calamidades presentes pela esperança de um futuro melhor, pág. 152.

Mas a causa deste infeliz monarca parecia ao universo inteiro totalmente desesperada, pág. 341; tanto mais que, para selar estas infelicidades, todas as comunas de Inglaterra acabavam de assinar, sem hesitar, o compromisso solene de manter a forma actual de governo, pág. 325[206]. Os seus amigos haviam fracassado todos os empreendimentos que haviam tentado ao seu serviço, *ibid.* O sangue dos mais ardentes realistas havia escorrido no cadafalso; outros, em maior número, haviam perdido a coragem nas prisões;

---

[206] **Em 1659, um ano antes da restauração!!! Inclino--me perante a vontade do povo.** (nota de Joseph de Maistre).

302 | CONSIDERAÇÕES SOBRE A FRANÇA

todos estavam arruinados pelas confiscações, multas e impostos extraordinários. Ninguém ousava afirmar-se realista; e este partido parecia tão pouco numeroso aos olhos superficiais que, se alguma vez a nação fosse livre na sua escolha (o que não parecia de todo provável), parecia muito duvidoso saber qual o sistema de governo que escolheria, pág. 342. Mas, no meio das aparências mais sinistras, *a fortuna*[207], por um retorno extraordinário, aplanou ao rei o caminho do trono, e devolveu-o em paz e em triunfo ao estatuto dos seus antecessores, pág. 342.

Quando Monk começou a colocar os seus grandes projectos em execução, a Nação tinha caído numa anarquia completa. Este general não tinha mais de seis mil homens e as forças que se lhe podiam opor eram cinco vezes mais fortes. No seu caminho para Londres, a elite dos habitantes de cada província acorreu aos seus passos e pediram-lhe que consentisse em ser o instrumento que dava à Nação a paz, tranquilidade e gozo destas imunidades que pertenciam aos Ingleses por direito de nascença. Esperava-se sobretudo dele a convocação legal de um novo Parlamento, pág. 353. Os excessos da tirania e da anarquia, a lembrança do passado, o medo do futuro, a indignação contra os excessos do poder militar, todos os sentimentos reunidos tinham aproximado os parti-

---

[207] **Sem dúvida!** (nota de Joseph de Maistre).

CAP. XI – FRAGMENTOS DE UMA HISTÓRIA DA REVOLUÇÃO... | 303

dos e formado uma coligação tácita entre os Realistas e os Presbiterianos. Estes convinham que tinham ido demasiado longe, e as lições da experiência reuniam--nos enfim ao resto de Inglaterra para desejar um Rei, único remédio para tantos males, pág. 333, 353[208]. Porém Monk não tinha intenção de corresponder aos votos dos seus concidadãos, pág. 353. Será sempre um problema de saber em que época começou de boa-fé a querer um rei, pág. 345. Logo que chegou a Londres, felicitou-se, no seu discurso no Parlamento, por ter sido escolhido pela Providência para a restauração desse corpo, pág. 354. Acrescentou que era ao Parlamento actual que pertencia pronunciar--se sobre a necessidade de uma nova convocação, e que, se ele se submetesse aos votos da Nação sobre este ponto importante, seria suficiente, para a segurança pública, excluir da nova assembleia os fanáticos e os realistas, duas espécies de homens feitos para destruir o governo ou a liberdade, pág. 355.

Ele serviu mesmo o Longo Parlamento de forma violenta, pág. 356. Mas, desde que Monk se decidiu por uma nova convocação, todo o reino foi transportado pela alegria. Os realistas e os presbiterianos

---

[208] **Em 1659, quatro anos mais cedo, os realistas, segundo o mesmo historiador, enganaram-se com pesados custos, quando julgaram que os inimigos do governo eram os amigos do Rei.** (nota de Joseph de Maistre).

304 | CONSIDERAÇÕES SOBRE A FRANÇA

abraçaram-se e reuniram-se para amaldiçoar os seus tiranos, pág. 358. Restava a estes apenas alguns homens desesperados, pág. 353[209].

Os republicanos determinados e sobretudo os juízes do Rei não se esqueceram de si próprios nesta ocasião. Através deles ou pelos seus emissários, eles disseram aos soldados que todos os actos de bravura que os tinham tornado ilustres aos olhos do Parlamento seriam crimes aos olhos dos realistas, cujas vinganças não teriam limites; que não se deveria acreditar em todos os protestos de esquecimento e de clemência; que a execução do Rei, a de tantos nobres e o aprisionamento dos restantes eram crimes imperdoáveis aos olhos dos realistas, pág. 366.

Mas o acordo de todos os partidos formava uma destas torrentes populares que nada pode parar. Mesmo os fanáticos estavam desarmados; e, suspensos entre o desespero e o espanto, eles deixavam fazer aquilo que não podiam impedir., pág. 363. A Nação queria *com um ardor infinito*, apesar de em silêncio, o restabelecimento da Monarquia, *ibid*[210]. Os republica-

---

[209] **Em 1660; mas em 1665, *eles temiam muito mais a restauração da Monarquia, do que odiavam o governo estabelecido*, pág. 209.** (nota de Joseph de Maistre).

[210] **Mas no ano precedente, O POVO assinava, *sem hesitar*, o compromisso de manter a República. Assim, bastam apenas 365 dias no máximo para alterar no**

CAP. XI – FRAGMENTOS DE UMA HISTÓRIA DA REVOLUÇÃO... | 305

nos, *que se encontravam ainda nesta época quase senhores do Reino*[211], quiseram então falar de *condições* e lembrar antigas proposições; mas a opinião pública reprovava estas capitulações com o Soberano. Apenas a ideia de negociações e de atrasos assustava os homens cansados por tantos sofrimentos. Além disso, o entusiasmo da liberdade levado ao último excesso tinha aberto lugar, por um movimento natural, a um espírito geral de lealdade e subordinação. Depois das concessões feitas à nação pelo falecido rei, a constituição inglesa parecia suficientemente consolidada, pág. 364.

O Parlamento, cujas funções estavam a ponto de expirar, tinha feito uma lei para interditar ao povo a faculdade de eleger certas pessoas na assembleia seguinte, pág. 365; porque sentia-se bem que, naquelas circunstâncias, convocar livremente a nação era chamar o rei, pág. 361. Mas o povo troçou da lei e nomeou os deputados que lhe convieram, pág. 365.

Tal era a disposição geral dos espíritos, então...

COETERA DESIDERANTUR[212].

FIM

coração deste Soberano *o ódio* ou *a indiferença* em *infinito ardor.* (nota de Joseph de Maistre).

[211] **Notai bem!** (nota de Joseph de Maistre).

[212] "Seria de continuar..."

POST-SCRIPTUM[213]

A nova edição desta obra[214] tocava o seu final quando alguns Franceses, dignos de inteira confiança, me garantiram que o livro *Développment des vraies principes,* etc, que citei no capítulo VIII, contém máximas que o Rei não aprova.

"Os Magistrados, dizem-me eles, autores do livro em questão, reduzem os nossos Estados-Gerais à faculdade de fazer queixas, e atribuem aos *Parlaments*

---

[213] Este *post-scriptum* surge a pedido de Luís XVIII, que reprovava a obra referida; Maistre explica ao Conde d'Avaray que *Développments* lhe tinha sido recomendado pelo mal que dele dizia Benjamin Constant (cf DAUDET, Ernest — *Joseph de Maistre et Blacas,* Paris, Librairie Plon, 1908, pág. 9). Maistre compromete--se a incluir um *post-scriptum* ou errata, intenção de que vem a arrepender-se (cf DAUDET, Ernest — *Joseph de Maistre et Blacas,* Paris, Librairie Plon, 1908, pág. 6 e seguintes).

[214] **É a terceira em cinco meses, contando com a contrafacção francesa que acaba de surgir. Esta copiou fielmente as inumeráveis faltas da primeira edição e juntou-lhe outras.** (nota de Joseph de Maistre).

308 | CONSIDERAÇÕES SOBRE A FRANÇA

o direito executivo de verificar as leis, as mesmas que foram feitas a pedido dos Estados; quer dizer, eles elevam a magistratura acima da nação."

Garanto que não me dei conta deste erro monstruoso na obra dos Magistrados franceses (que já não está à minha disposição); ela parecia-me mesmo excluída por alguns textos desta obra, citados nas páginas 110 e 111 do meu; e pode-se ver, na nota da pág. 116, que o livro de que se trata fez nascer objecções de um outro género.

Se, como me asseguram, os autores se afastaram dos verdadeiros princípios dos direitos legítimos da nação francesa, não me espanta que o seu trabalho, que está aliás repleto de excelentes coisas, tenha alarmado o rei; porque mesmo as pessoas que não têm a honra de o conhecer sabem por um conjunto de testemunhos irrecusáveis que estes direitos sagrados não têm um defensor tão leal como ele e que não se poderia ofendê-lo mais do que atribuir-lhe sistemas contrários.

Repito que não li o livro *Développement*, etc, de forma sistemática. Separado dos meus livros há muito tempo; obrigado a empregar, não os livros que procurava, mas os que encontrava; reduzido mesmo a citar frequentemente de memória ou com base em notas tomadas há muito tempo, tinha necessidade de um recolhimento desta natureza para reunir as minhas ideias. A obra foi-me indicada (devo dizê-

-lo) pelo mal que dela dizem os inimigos da realeza[215]; mas se ele contém erros que me escaparam, desaprovo-os sinceramente. Alheio a todos os sistemas, a todos os partidos e a todos os ódios, por carácter, por reflexão, por posição, ficarei seguramente muito satisfeito se os leitores me lerem com intenções tão puras como as que ditaram a minha obra.

Se eu quisesse, de resto, examinar a natureza dos diferentes poderes de que se compunha a antiga Constituição francesa; se eu quisesse voltar à fonte dos equívocos e apresentar ideias claras sobre a essência, as funções, os direitos, os agravos e os erros dos parlamentos, ultrapassaria os limites de um *post-scriptum*, mesmo os limites da minha obra e faria então uma coisa totalmente inútil. Se a Nação francesa regressar ao seu Rei, como todos os amigos da ordem devem desejar; e se ela vier a ter assembleias nacionais regulares, os poderes virão naturalmente ocupar as suas posições, sem contradições ou convulsões. Em todas as suposições, as pretensões exageradas dos *Parlaments*, as discussões e as querelas que elas fizeram nascer, parecem-me pertencer inteiramente à história antiga.

---

[215] Maistre refere-se a Benjamin Constant, que refere esta obra de forma muito depreciativa. (cf CONSTANT, Benjamin – *De la force du government actuel de la France et de la necessité de s'y rallier*, s. l., s. ed., 1796, pág. 43)

Colecção *Argumentos*

Immanuel Kant, *Escritos sobre o Terramoto de Lisboa*, 2005

P.ᵉ António Vieira, *A Missão de Ibiapaba*, 2006

John Stuart Mill, *A Sujeição das Mulheres*, 2006

John Milton, *Areopagítica.*
Discurso sobre a Liberdade de Expressão, 2008

Joseph de Maistre, *Considerações sobre a França*, 2010